Let'sみやぎ 2023-2024

目次

3 巻頭特集
宮城で楽しむ 四季の花と緑

心をつなぐ 四季の祭り

37 仙台
仙台市 青葉区 宮城野区 若林区 太白区 泉区
仙台・青葉まつり／仙台七夕まつり
定禅寺ストリートジャズフェスティバル
みちのくYOSAKOIまつり／とっておきの音楽祭
仙台クラシックフェスティバル
SENDAI光のページェント／青葉区民まつり
原町春まつりパレード／卸町ふれあい市
秋保温泉夏まつり／泉区民ふるさとまつり 他

53 仙塩・仙北
松島町 塩竈市 多賀城市 七ヶ浜町 利府町
富谷市 大和町 大郷町 大衡村
円通院紅葉ライトアップ／松島大漁かきまつりin磯島
瑞巌寺大施餓鬼会
塩竈みなと祭／しおがま市民まつり
多賀城跡あやめまつり／ザ・祭りin多賀城
史都多賀城万葉まつり
菖蒲田海水浴場オープン／利府梨販売会
富谷宿「街道まつり」／とみやマーチングフェスティバル
島田飴まつり／おおさと秋まつり
おおひら万葉まつり 他

67 沿岸
石巻市 東松島市 気仙沼市 南三陸町 女川町
石巻川開き祭り／いしのまき大漁まつり
東松島夏まつり／東松島市鳴瀬流灯花火大会
奥松島縄文村まつり
気仙沼みなとまつり／気仙沼市産業まつり
リアス牡蠣まつり唐桑
おながわみなと祭り
田束山つつじ観賞 他

79 県北
大崎市 美里町 涌谷町 加美町 色麻町 栗原市 登米市
おおさき花火大会・おおさき古川まつり／政宗公まつり
全国こけし祭り・鳴子漆器展
美里町北浦梨フェア／秋の山唄全国大会
初午まつり 火伏せの虎舞／シャクヤクまつり
伊豆沼・内沼はすまつり
くりこま山車まつり／薬師まつり
登米秋まつり／YOSAKOI&ねぷたinとよさと
日本一はっとフェスティバル 他

93 県南
名取市 岩沼市 亘理町 山元町 白石市 角田市 蔵王町
七ヶ宿町 大河原町 村田町 柴田町 川崎町 丸森町
ゆりあげ港朝市／初午大祭
荒浜漁港水産まつり／やまもとひまわり祭り
鬼小十郎まつり／かくだ牟宇姫ひなまつり
蔵王町産業まつり／七ヶ宿湖一周ウオーキング
おおがわらオータムフェスティバル／そら豆まつり
しばた曼珠沙華まつり／青根温泉雪あかり／齋理幻夜 他

心に刻む 郷土の輝き

34 みやぎの米
35 みやぎの地酒
36 みやぎのイチゴ
52 みやぎの銘柄肉
83 大崎耕土
92 米川の水かぶり

新型コロナウイルス感染症対策により、祭り・イベントの内容・日程が変更になる場合があります

阿武隈ライン舟下り（丸森町）

美里町交流の森・交流館
でんえん土田畑村（美里町）

仙台・青葉まつり（仙台市）

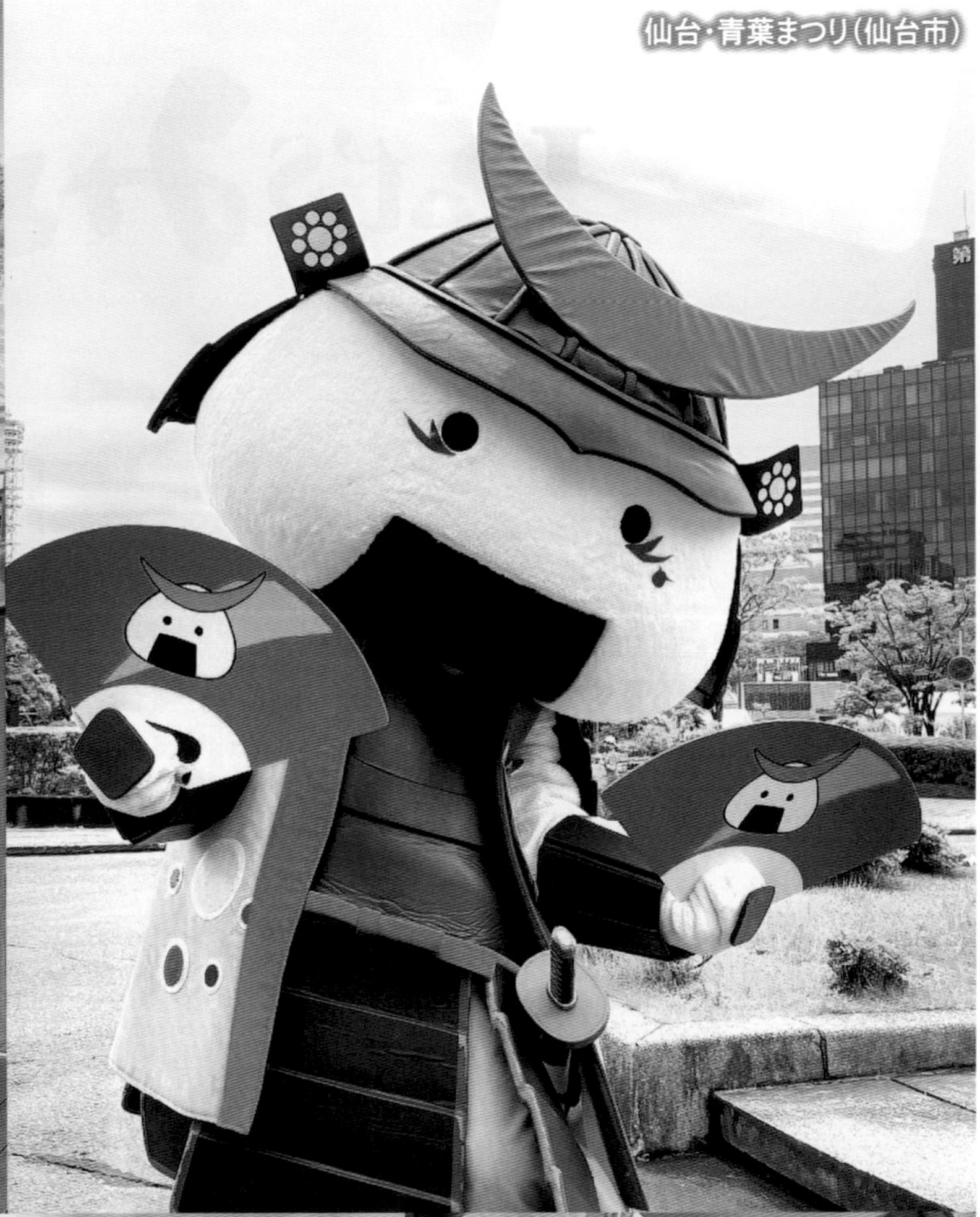

雄勝観光物産交流館「おがつ・たなこや」（石巻市）

仙台七夕まつり（仙台市）

竹駒神社（岩沼市）

宮城県知事　村井 嘉浩

笑顔咲くたび 伊達な旅
仙台 Sendai & Miyagi, where smiles blossom 宮城

四季折々の魅力あふれる
宮城でお待ちしています！

仙台・宮城
観光PRキャラクター
むすび丸

巻頭特集

宮城で楽しむ 四季の花と緑

宮城県内には季節ごとに美しい花と緑のスポットがいっぱい。撮影やスケッチをしたくなる美景、厳かな雰囲気に包まれた寺社の庭園、被災地に誕生した憩いの場、自然に囲まれくつろげるレストラン＆カフェなど…。2023年4～6月は仙台で国内最大級の花と緑の祭典も開催される。心を癒やしてくれる花巡りを満喫しよう。

CONTENTS

04 釜房湖のほとりに広がる 鮮やかなじゅうたん
国営みちのく杜の湖畔公園

06 季節の移ろいを楽しむ 花と緑のスポット
やくらいガーデン／泉ボタニカルガーデン／昭和万葉の森／七北田公園／天守閣自然公園「小屋館跡庭園」
ハナトピア岩沼／東北大学植物園／せんだい農業園芸センターみどりの杜
仙台市野草園／地底の森ミュージアム 野外展示「氷河期の森」／秋保大滝植物園

14 心癒やされる 寺社の庭園
金蛇水神社／臨済宗妙心寺派 円通院／曹洞宗金剛宝山 輪王寺
臨済宗妙心寺派 資福禅寺／大国神社山野草公園／定義如来西方寺

20 丸森の冬の夜を彩る新イベント
放置竹林の竹を活用し 幻想的な世界
丸森竹灯り回廊

22 津波の被災地を整備し開設 人と人をつなぐバラ園
雄勝ローズファクトリーガーデン

24 ガーデンもごちそうのうち 自然に囲まれたレストラン＆カフェ
North Pole／大空（SORA） Cafe／百目木ガーデン＆カフェ

27 都市緑化と「杜の都仙台」ブランド向上に期待
国内最大級の花と緑の祭典
「未来の杜せんだい2023」

アイコンについて

P …無料駐車場あり（ない場合グレー）

…無料Wi-Fiあり（ない場合グレー）

…鍵付きロッカーあり（無料は小銭返却の場合を含む。ない場合グレー）

備えていますについて

障害者、高齢者、子どもなどに配慮した設備やサービス

※開花時期は目安。気候状況などにより変わる場合があります

釜房湖のほとりに広がる
鮮やかなじゅうたん

釜房湖のほとりに広がる東北唯一の国営公園で、宮城を代表する花スポットの一つ。開業時から徐々にエリアが広がり、四季で異なる美しさを見せる大花壇や花畑が出迎えてくれる。

国営みちのく杜の湖畔公園

蔵王山麓に広がり、釜房湖畔に位置する国営公園。１９８９年の開業当初は文化と水のゾーンだけだったが、徐々にエリアを拡大し、現在は南・北・里山の3地区に分かれる。季節やエリアによって、さまざまな草花が広大な園内を彩る。公園の顔とも言えるのが、文化と水のゾーンがある南地区。曲線を生かした大花壇が見事な「彩のひろば」、初夏はシャーレーポピー、秋はキバナコスモスが咲き誇る「花畑」など絵になる景観がいっぱい。さまざまな遊具が設けられていたり、イベントが行われたり、子どもも大人も楽しむことができる。里山地区では土・日曜、祝日に枝やツル、木の実など自然素材を使う「木工クラフト体験」を開催している。

観賞できる主な草花

3〜4月上旬…クリスマスローズ
3〜4月中旬…水仙
4月中旬〜5月上旬…桜
4月中旬〜5月上旬…チューリップ
5月下旬〜6月中旬…シャーレーポピー
7〜11月…コキア(紅葉の見頃は10月中旬〜11月上旬)
9月中旬〜10月中旬…キバナコスモス
他

❶南地区では約180万本のシャーレーポピーが一面を覆う
❷ボランティアの協力を得ながら手作業で管理している
❸サクラが加わり、より華やぐ南地区の大花壇
❹燃えるような紅葉が美しい南地区のコキア

DATA

川崎町大字小野字二本松53-9
tel.0224-84-5991
営／9:30〜17:00(7月1日〜8月31日は18:00まで、11月1日〜2月末は16:00まで)
休／火曜(祝日の場合は営業、翌水曜休み)、12月31日・1月1日
※4月1日〜6月第3日曜、7月第3月曜〜10月31日は無休
料金／15歳以上450円、65歳以上210円、中学生以下無料、駐車場普通車320円

有料駐車場はあり
無料

備えています
段差にスロープ、ベビーカー貸し出し、車椅子貸し出し、筆談用具、オストメイト対応トイレ、おむつ交換台、AED、障害者用駐車場

美しき花壇や花畑の裏に 苦労あり

美しい景観を保つため、草花の管理方法や苦労を、みちのく公園管理センターに伺った。

②

Q 園内の花壇はどのようにデザイン・管理していますか?

A 経験豊かなベテランや、新人を含む若手スタッフが、お客さまの声、花苗生産のプロや地元生産者のアドバイス、現場で花を植えて管理する作業スタッフの声を参考に、花の色目や高さ、組み合わせ、苗の強弱などを意識してデザインしています。

メンテナンスは花の管理に精通している県内の造園会社に協力してもらい、植え付け、手入れ等を行っています。ボランティアが保護、増殖している植物もあります。

Q 花壇などの美しさを保つために取り組んでいることは?

A 花だけでなく、周囲の環境にも気を配っています。例えば、花が見頃の時に隣接する草地や芝地、背景も美しく見えるように整えています。

寒冷地、夏季でもあまり高温にならない、湿潤（霧やダムが近い等）、秋の終わりが早いといった川崎町の自然環境を考慮し、花材の選択、開花時期の設定をしています。

Q 宮城県内では比較的気温が低い川崎町での栽培の苦労は?

A 春は遅霜被害があり、その対策に天気予報を見ながら栽培のスケジュールを調整しています。保険として補植苗を生産し、春先に補植することもあります。

10月になると早々に気温が低下するため、早めに種まき、植え付けなどを行います。

12月の積雪、気温低下、次のシーズンへの切り替えのタイミングなど、次の準備に要する日数を考え、花をもう少し見せたくても刈り取ってしまわなければいけないことがあります。

Q みちのく杜の湖畔公園ならではの魅力を教えてください。

A 蔵王連峰を背景にした花風景です。特に4月～5月末は、残雪の蔵王連峰を背に、ナノハナやシャーレーポピーが咲く風景は他にありません。

4月中旬頃に咲く1400本の桜、釜房湖の湖面、蔵王連峰のショットも唯一無二の美しさだと思います。

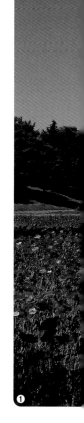

❶

公園スタッフ口コミ 地区ごとの季節の見どころ

④

③

南地区

春
- クリスマスローズの丘 スノードロップ、クリスマスローズなど
- だんだん畑 残雪の蔵王連峰が背景のナノハナ
- 彩のひろば 満開の桜に囲まれたチューリップとパンジー、ビオラの大花壇
- 花畑 残雪の蔵王連峰を背にしたシャーレーポピーとヤグルマギク

夏
- やすらぎの池 湖見の滝を背景としたスイレン
- あじさいの小径 ヤマアジサイや、遅咲きのタマアジサイなど珍しい品種のアジサイ
- 河原田古墳 約2000本のヒマワリ
- 彩のひろば サルビア、センニチコウ、マリーゴールド、コキア（ライム色）など夏を象徴する花と噴水、深緑の木々に囲まれた空間
- 園路沿いなど 夏らしいビタミンカラーのジニア

秋
- だんだん畑 コキアの紅葉
- 花畑 一面レモン色のキバナコスモスの花畑
- ふるさと村 古民家と落葉樹の紅葉（黄葉）風景

冬
- 室内展示 アイスチューリップなど
- 湯田河のマツの雪吊り 見せる造園技法「雪吊り」は冬ならではの風情

北地区

春
- 展望野草園 蔵王連峰を背にしたオキナグサ
- サクラソウの小径 希少種のサクラソウ

夏～秋
- 湿生花園 エゾミソハギ、サワギキョウなど
- 展望野草園 秋の七草オミナエシの群落、ワレモコウなど

里山地区

春
- 散策路沿い ルリソウとスミレがお出迎え
- びっきの広場 やや暗い湿地のリュウキンカの群落

夏～秋
- 散策路沿い ホタルブクロ、他山野草が多数

季節の移ろいを楽しむ

日常を離れて、ほっと一息。楽しく散策したり、自然について学んだりできる宮城県内の花と緑のスポットをご紹介。

花と緑のスポット

やくらいガーデン

一面の花畑が圧巻
季節ごとに楽しいイベント

❶一面の花畑が圧巻
❷写真撮影が楽しくなる工夫を凝らしたフォトスポットも人気
❸キャンドル型LEDライトで幻想的な空間を演出する「星あかり」などライトアップも開催

DATA

加美町字味ヶ袋やくらい原1-9
tel.0229-67-7272
営／4～11月10:00～17:00
（最終入場16:30）
休／1～3月、4・7・8・11・12月は臨時休あり
料金／高校生以上800円、小・中学生200円、未就学児、障害のある方無料
※お得な入園1年券あり

備えています
車椅子貸し出し、おむつ交換台、ベビーチェア付きトイレ、AED、障害者用駐車場

観賞できる主な草花

5月…ビオラ
6～7月…バラ
8月…ヒマワリ
9～10月…サルビア、マリーゴールド、ケイトウ　他

総面積15万平方㍍の広大な敷地にローズガーデン、ハーブガーデンなど八つのテーマガーデンを整備。約160種類のイングリッシュローズやフレンチローズをはじめ、ハーブなど約400種の植物を栽培している。中でも人気を集めるのが菜の花、ケイトウ、バーベナ、サルビアなどが季節ごとに次々開花し、一面に広がる東北最大級の花畑「ふるるの丘」。「星あかり」「イースターフェア」「ハロウィンフェア」といった季節のイベントも人気。カフェやショップを併設している。

泉ボタニカルガーデン

七北田ダム湖畔の自然植物園
緑に囲まれたガーデンカフェも

観賞できる主な草花

4月…カタクリ、ユキワリソウ、ミズバショウ

5月…シャクナゲ

6月…バラ　他

1971年に七北田ダム湖畔に梅や桜、白樺、黒松5000本を植栽し誕生した自然植物園。現在は約7ヘクタールの敷地で早春の山野草、クリスマスローズから斜面を覆い尽くすツツジやシャクナゲ、八重桜、アーチが彩るローズガーデン、アジサイの小道、秋のセージや紅葉といった四季折々の花々、草木が楽しめる。園内では「生き物観察会」「フォトコンテスト」「バラフェア」「ハロウィンフェア」といったイベントも開催。ケーキやオリジナルカレーが楽しめるガーデンカフェ「フェリシア」を併設。ハンドメード商品や山野草、花木も販売している。

❶斜面を覆い尽くす5月のシャクナゲは圧巻
❷❸
カタクリの群生が出迎えてくれるのは4月頃。ミズバショウやリュウキンカも楽しめる
❹華やかな6月のバラ
❺約7ヘクタールの敷地にピクニックが楽しめる広場も整備
❻ガーデンカフェの名物「七北田ダムカレー」

DATA

泉区福岡字赤下
フリーダイヤル0120-027-028
開館時間／4月第2土曜 ～11月第2日曜9:30 ～17:00（最終入園 16:30）
休／水曜（水曜が祝日の場合はその翌日）、冬季
入園料／大人4～6月600円、7・8月400円、9・10月500円、小学生100円、未就学児無料
※お得なシーズンパスポートあり

備えています
車椅子貸し出し、おむつ交換台、AED、障害者用駐車場

昭和万葉の森

万葉集にゆかりある520品種を栽培

P.66に関連記事

植物を通じて、日本の歴史や文化、自然、科学を学べる森。総面積23ヘクタルの広大な敷地にツツジやハナショウブ、ハギといった、万葉集の歌で詠まれている植物を中心に約520種を栽培している。7月中旬に見頃を迎えるヤマユリの群生はかれんな姿で来園者の目を引く。約5600メートルの遊歩道沿いには48基の万葉歌碑が並ぶ。昭和天皇・皇后両陛下が植えられたアカマツにも注目だ。園内にある展示棟兼管理事務所では万葉植物や万葉集を紹介している。四季折々の植物が茂る園内で、森林浴を楽しみながら植物の知識を深めよう。

観賞できる主な草花

5月中旬～6月上旬…ツツジ
6～7月…アジサイ
6月下旬…ハナショウブ
7月中旬…ヤマユリ
7～10月…ハギ　他

❶甘い香りがふわりと漂う大輪のヤマユリ
❷しっとりとしたツツジ
❸新緑の季節に見頃を迎えるアズマシャクナゲ

DATA

大衡村大衡字平林117
tel.022-345-4623
営／9:00～16:30
（11～3月は16:00まで）
休／12月28日～1月4日
料金／無料

備えています
車椅子貸し出し、AED

七北田公園

雨の日も楽しめる屋内施設で気軽に花と緑の相談

1989年に開かれた「全国都市緑化せんだいフェア（'89グリーンフェアせんだい※P28に関連記事）」の会場の一部をリニューアルし、90年に開園。約22ヘクタルの公園内にフィギュアスケート男子羽生結弦選手をたたえて記念植樹された桜「陽光」など200種を超す樹木や植物を植栽している。22年からは陽光桜を囲む花壇を青いネモフィラの花で彩る「アイスガーデンプロジェクト」が進行中。屋内施設「七北田公園都市緑化ホール」では園芸相談員に植え付けや剪定、手入れなど花と緑について相談でき、市民園芸講座などのイベントも開かれている。

観賞できる主な草花

4月…桜、ビオラ　5月…ネモフィラ
7月…サルスベリ
9月…マリーゴールド
通年…観葉植物（サンルーム内）　他

❶2018年に五輪2連覇を達成したフィギュアスケート男子羽生結弦選手をたたえる桜「陽光」　❷22年にリニューアルした「ハーブガーデン」　❸1年を通して花や緑が楽しめるサンルーム。12月にはイルミネーションイベントも開催

DATA

仙台市泉区七北田字赤生津4
tel.022-375-9911
（七北田公園都市緑化ホール）
※緑の相談tel.022-343-7741
開（七北田公園都市緑化ホール）／9:00～16:30
休／月曜（月曜が祝日の場合はその翌日）、12月28日～1月4日
入園料／無料

都市緑化ホール館内のみ

備えています
車椅子貸し出し、筆談用具、オストメイト対応トイレ、ベビーチェア付きトイレ、授乳室、AED、障害者用駐車場

天守閣自然公園「小《こ》屋《や》館《たて》跡《あと》庭園」

秋保温泉で楽しむ池泉回遊式庭園散策

温泉など多彩な施設を備えた池泉回遊式庭園。24万平方㍍の広大な敷地に、秋保石を配した石組みや竹林、杉林、錦鯉の泳ぐ池、滝、散策路などを整備。百数十本の梅や500本以上のモミジなど四季の景観が美しく、10月下旬から11月中旬には夜の庭園の風情を楽しんでもらおうと紅葉ライトアップ「秋保ナイトミュージアム」を開催している。日帰り入浴温泉や貸し切り露天風呂、そば処などの施設を併設。自然に囲まれたオートキャンプ場は4月1日～10月20日の土・日曜、祝日、7月21日～8月31日に期間限定で営業している。

観賞できる主な草花

3月…梅
4月…カタクリ、水仙、桜、ミズバショウ
5月…藤、ツツジ
6月…アヤメ、カキツバタ
7月…アジサイ 他

❶紅葉スポットとしても人気
❷紅葉の時季に開催される夜のイベント「秋保ナイトミュージアム」
❸初夏のアヤメ

DATA

仙台市太白区秋保町湯元字源兵衛原10
tel.022-398-2111
開／10:00～16:30
※施設や季節により異なる
休／第3金曜（8・10月は開園）
年末年始
入園料／中学生以上400円、4歳～小学生100円、未就学児無料
※「市太郎の湯」利用の場合、小屋館跡庭園は入園無料。この他、施設や季節により利用料が異なる

備えています
段差にスロープ、車椅子貸し出し、AED

ハナトピア岩沼

花をテーマに街づくり 親子連れにも人気

花をテーマとする街づくりと地域の活性化のために開設された広さ4・8㌶の緑地。バラやシャクヤク、ルピナスなどさまざまな草花が植栽されている。ビオラ、マリーゴールドなど季節ごとに植え替えられる中央花壇を中心とする「ふれあい広場」や体験農園などが整備され、毎週土・日曜には農産物直売施設で産直市を実施。中でも4、5月に咲き誇る1万株のビオラは見物だ。芝生の上でのびのび遊べる野原は家族連れにも人気を集め「モルック」「ウッドバランスボード」といった用具や、幼児用乗り物の無料貸し出しも行っている。ゴールデンウィーク期間中に「農家旬の市」、5月中旬～6月中旬に「ハナトピアはなまつり」も開催されている。

観賞できる主な草花

3月…水仙
4月…桜、シャクナゲ、チューリップ
4～5月…ビオラ
5月…シャクヤク、ボタン、ルピナス、藤、ボタン
6月…バラ、アジサイ
7月…ハギ
10月…マリーゴールド
12月…サザンカ 他

❶季節ごとに彩られる中央花壇
❷初夏のバラも人気

DATA

岩沼市三色吉字雷神7-1
tel.0223-23-4787
開／9:00～17:00
休／年末年始
入園料／無料

備えています
ベビーカー貸し出し、車椅子貸し出し、オストメイト対応トイレ、おむつ交換台、AED、障害者用駐車場

東北大学植物園

青葉山の動植物を学ぶ
貴重な絶滅危惧植物が自生

江戸時代から一般人の立ち入りが禁止され、モミの原生林など貴重な自然がほぼ手つかずの状態で保たれていた仙台城の「御裏林《おうらばやし》」一帯に１９５８年、東北大学が設立した自然植物園。絶滅危惧植物を含む７００種以上の維管束植物が自生し、約52㌶の敷地の約３分の２が国の天然記念物に指定されている。園内には散策路が整備され、広大な園内のどこでどんな花が見られるか、季節ごとの最新情報をＷＥＢサイトで発信。青葉山の動植物を紹介する屋内展示施設も併設している。

❶東北大学が研究と教育のために設立した自然植物園が一般公開されている
❷かれんなサクラソウ
❸❹
植物園本館。青葉山の動植物に関する展示を行っている

DATA

仙台市青葉区川内12-2
tel.022-795-6760
開／10:00～16:00
（入園は15:00まで）
休／月曜（月曜祝日の場合開園、翌平日休園）、12月1日～春分の日の前日、臨時休園あり
入園料／大人２３０円、小中学生110円（宮城県の小中学生は「どこでもパスポート」などの提示で無料）
※現在の開園状況についてはWEBサイトで確認を

備えています
車椅子貸し出し、おむつ交換台、AED、障害者用駐車場

観賞できる主な草花

4月頃…ミズバショウ、サクラソウ
5月頃…エゾアジサイ、ホタルブクロ
9月頃…シラネセンキュウ、ミセバヤ　他

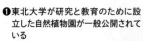

せんだい農業園芸センター みどりの杜

多彩な体験プログラムも好評 「農」と触れ合う交流拠点

パンジーやビオラ、ヒマワリなどが楽しめる「沈床花壇」をはじめ、約60種120本の梅と200株のアジサイが植栽された「梅園」、約200種1200株を誇る「バラ園」、栽培から収穫、活用法まで学べる「ハーブガーデン」などが整備されている。毎年秋には地域の稲わらで恐竜をかたどった「わらアート」が展示され、草花を使ったワークショップや料理教室、自然観察会、イルミネーションなど季節のイベントも多種多様。観光農園でブルーベリーやナシ、ブドウ、イチジク、リンゴ、トマトといった収穫体験も可能だ（要予約）。

❶❷
四季折々の花と緑が幅広い世代に人気を集める。5月下旬～6月上旬、10月はバラが見頃。「バラ祭り」も開かれ直売市などが並ぶ
❸秋の風物詩コスモス
❹色とりどりの花が咲き競う「チューリップガーデン」
❺香りも楽しい「ハーブガーデン」

DATA

若林区荒井字切新田13-1
tel.022-288-0811
営／9:00～17:00
（11～2月は16:00まで）
休／月曜（月曜祝日の場合は開園、翌平日休み）、年末年始
料金／入園無料

備えています
段差にスロープ、車椅子貸し出し、筆談用具、おむつ交換台、授乳室、AED、障害者用駐車場

観賞できる主な草花

4～5月…パンジー、ビオラ、チューリップ
6～7月…バラ、アジサイ、ハーブ
8月…ヒマワリ
9～10月…コスモス、秋バラ、ミヤギノハギ
他

仙台市野草園

東北の植物を植栽展示 市街地至近の紅葉の名所

大年寺山公園内に整備された植物園。宮城をはじめ東北の植物を区域別に植栽展示している。例えば「高山植物区」ではコマクサやチングルマなど高い山の植物、「海辺の植物区」ではハマナスやハマギクなど海沿いの植物が見られる。野生のバラを集めた「のばら区」、ツツジの仲間を集めた「つつじ区」など同じグループの植物を比べて見ることもできる。自然観察会や草木染めといった体験の他、屋内施設「野草館」（入館無料）では講習会や展示会、演奏会などを開催。11月ごろには市街地からすぐに足を運べる紅葉スポットとしても人気。

観賞できる主な草花

- 4月…カタクリ
- 5月…アズマシャクナゲ
- 6月…エゾアジサイ
- 7月…ヤマユリ
- 8月…レンゲショウマ
- 9月…ハギの仲間
- 10月…木の実、草の実
- 11月…ツワブキ、紅葉　他

❶毎年9月に行われる仙台の秋を代表する行事「萩まつり」。園内各所でハギの仲間が見事
❷薄青色の花が涼やかな6月頃のエゾアジサイ
❸休憩できる軽食喫茶「どんぐり庵」
❹芝生広場でピクニックも楽しめる
❺高山や亜高山の植物を植栽した「高山植物区」

DATA

仙台市太白区茂ヶ崎2-1-1
tel.022-222-2324
開／9:00〜16:45
休／冬季(12月1日〜3月19日)、野草館は年末年始を除き通年無休
入園料／大人240円、小・中学生60円、未就学児無料

備えています
段差にスロープ、車椅子貸し出し、筆談用具、おむつ交換台、エレベーター、ベビーチェア付きトイレ、AED、障害者用駐車場

地底の森ミュージアム 野外展示「氷河期の森」

気軽に散策できる 針葉樹に囲まれた森

観賞できる主な草花

- 3月下旬〜4月上旬…リュウキンカ
- 4月初旬〜中旬…ミツガシワ、ミズバショウ
- 6月初旬〜中旬…ノハナショウブ
- 9〜10月…ヤマブドウ　他

秋保大滝植物園

蔵王山系の樹木を中心に約800種の草木

秋保大滝の近くにある植物園。仙台市内でも比較的冷涼な気候の場所にあるため、蔵王山系の樹木を中心に約800種の草木を見ることができる。春のシャクナゲ、ツツジ、夏のスイレンの咲く頃、紅葉の時期はひときわ鮮やか。園内には、優雅なすだれ滝が流れ、四季折々の自然観察や散策の場として楽しめる。また、園内には、あずま屋や芝生広場もあり、ゆったりと過ごすこともできる。休園する冬期は日にち限定で特別開園を行っている。WEBサイトで「秋保大滝植物園だより」のバックナンバーを公開し、草花の情報を発信している。

観賞できる主な草花

4月…シャクナゲ、ツツジ

5～6月…クマガイソウ、サツキ

7～8月…スイレン、ヤマユリ、アジサイ

9～11月…センブリ、リンドウ、草木の実

他

❶初夏のスイレン池は涼しげ
❷周囲の緑と調和したすだれ滝
❸休憩所へ向かう途中に艶やかな紅葉
❹春はピンク色の濃淡がかわいらしいシャクナゲで華やかに

DATA

仙台市太白区秋保町馬場字大滝5
tel.022-399-2761
営／9:00～16:30
（最終入園16:00）
休／12～3月
料金／大人240円、高・大学生180円、小・中学生120円（みどりの日、文化の日は無料）

備えています
車椅子貸し出し、AED、障害者用駐車場

約2万年前の旧石器時代のたき火の跡や森の跡を、発掘した姿のまま地下展示室で保存・公開しているミュージアム。屋外には当時の仙台の植生を復元した野外展示「氷河期の森」がある。アカエゾマツやグイマツ、チョウセンゴヨウなどの針葉樹に囲まれた森で、ミズバショウやカキツバタをはじめ季節の草花を観察できる。氷河期の森の散策は自由だが、植物や落ちている松ぼっくり、木の実などは展示物のため持ち帰りは不可。盲導犬、介助犬以外のペットの入場は不可。野外展示の植物を使ったワークショップなどを開催し、随時WEBサイト等で告知する。

❶かわいらしい黄色のリュウキンカ
❷かれんなミツガシワ
❸りんとして品のあるハナショウブ
❹ヤマブドウなど木の実もある

DATA

仙台市太白区長町南4-3-1
tel.022-246-9153
営／9:00～16:45
（最終入館16:15）
休／月曜（祝日の場合は開館、翌平日休み）、第4木曜（12月と休日は除く）、休日の翌日（土・日曜、祝日は開館）、12月28日～1月4日
料金／氷河期の森は無料。ミュージアムは一般460円、高校生230円、小・中学生110円

展望ラウンジ　無料

備えています
段差にスロープ、ベビーカー貸し出し、車椅子貸し出し、おむつ交換台（女子トイレのみ）、エレベーター、AED、障害者用駐車場

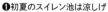

心癒やされる 寺社の庭園

歴史ある寺社の庭園も多くの参拝者が訪れる人気スポット。日常と離れた空間で四季折々の花と緑を愛でることができる。

❶

金蛇水神社

観賞できる主な草花

4月…桜

5月…ツツジ、ボタン、藤

6月…アジサイ

❶神社の職員や地域のボランティアらによって手入れされ、大切に守られてきた牡丹園と「九龍の藤」
❷芍薬苑の開苑イメージ。かつて境内にあった「禊殿(みそぎでん)」も復興する予定
❸例大祭などに合わせて行われる「花手水」も参拝者に喜んでもらおうと行われるようになった新たな試みの一つ
❹2021年に新設された舞台では奉納技芸などが行われている
❺「若い世代にも親しめる神社を目指したい」と語る高橋以都紀宮司。月ごとにデザインの替わるご朱印帳やお守りを考案するなど参拝者が楽しめる工夫を凝らす
❻宮城県の企業とコラボレートし多彩な土産品も開発。境内の花から作られたハチミツは「白蛇はちみつソフト」やピザといったカフェメニューにも使用されている

DATA

岩沼市三色吉字水神7
tel.0223-22-2672
社務時間／8:00～16:00
※参拝は24時間可

P (休憩所のみ)

備えています
筆談用具、オストメイト対応トイレ、おむつ交換台、ベビーチェア付きトイレ、AED、障害者用駐車場

2025年の開苑予定「芍薬苑」を整備 地域に開かれた新時代の“理想郷”を目指す

「巳」をご神体とする水神を祭り、商売繁昌や金運などのご利益を願う人たちの信仰を集める金蛇水神社。境内には樹齢300年とされる「九龍の藤」や、約100種類1000株の「牡丹園」が整備され、藤とボタンが一斉に開花する5月の「花まつり」が春の風物詩として親しまれてきた。

この「花まつり」には5月15日からの例大祭への献花の意味が込められていたが、近年は温暖化によりボタンの開花が早まり、花の盛りが例大祭とずれるように。そこでボタンに替わる神前に供える花として、新たに整備が始まったのがシャクヤク1000本以上を植栽した「芍薬苑」。次の巳年に当たる2025年の開苑に向け準備を進めている。

芍薬苑の周囲には全長100メートルの藤棚や桜の苗木も植栽され、藤色、白色、紫、ピンクなど色とりどりに次々開花する予定だ。

金蛇水神社の近くには「グリーンピア岩沼」(9ページに関連記事)や「ハナトピア岩沼」といった岩沼市を代表するレジャー施設も集まっており、高橋以都紀宮司は「地域の既存の観光資源と一体となった〝理想郷〟を作っていきたい」と語る。

地域の魅力を発信

平成から令和への改元に合わせ「御代替り記念事業」と銘打ち、新しい時代にふさわしい「地域に開かれた神社」を目指し、境内の大規模リニューアルに取り組んできた。2021年5月には参道、参拝者休憩所、土産処、食事処、カフェテラスが一体となった外苑「SandoTerrace《サンドーテラス》」をオープンさせ、「地産外消」を目指し、土産処で地域事業者とコラボレートした土産品の開発・販売も進めている。

「人が集まる場である神社から地元の産品、良品を広めたい」と高橋宮司。20年に再整備した駐車場では毎月第1日曜の「にぎわい市」、巳の日に合わせた「巳の日市」など、宮城県内の生産者らによる産直市を開催。地元の学生やアーティスト、団体らを招いてのアート展、神楽舞台公演といった、新たな挑戦も始まっている。

臨済宗妙心寺派 円通院

竹林や墓地と調和 厳かな雰囲気漂うバラ園

P.54に関連記事

伊達政宗の孫・光宗の霊廟《れいびょう》として1647年に建立された、臨済宗妙心寺派の寺院。

霊廟「三慧殿《さんけいでん》」の厨子に、支倉常長が西洋から持ち帰ったと伝えられているバラの絵が描かれている。この絵にちなんだバラ園があることから「バラ寺」としても親しまれている。

バラ園の開設は、先々代住職が戦後、厨子に描かれているバラから着想を得て、境内の畑だった場所にバラを植えたのがきっかけ。現住職の天野晴華さんは「今、石庭がある場所にも、以前は一面にバラが植えられていたと聞いています」と話す。

晴華さんの父である先代住職が墓地側の現在地にバラを移植。さらに晴華さんがボランティアの手を借りて、2015年に庭園の再造園を始めた。土壌改良を行い、石組みを施して4区画に整備。バラを植え替え120種279株に増やした。

まるで「バラの万華鏡」

現在、バラ園を含む境内の庭園や草木を管理している瀬戸暁嗣《あきつぐ》さんは「以前は低木の生け垣に囲まれたイングリッシュガーデンのようでしたが、再造園をきっかけにバラ園、竹林、墓地が一体となった寺院らしい厳かな雰囲気が強くなりました。今はバラ園というより『バラ庭園』。6~10月頃は墓地を囲むようにバラが咲きます」と説明する。

最盛期により美しく咲かせるために、5月下旬~10月頃は剪定《せんてい》を小まめにし、適切に肥料や水を与える。秋は土壌改良、冬は肥料作りを行っている。

瀬戸さんは「バラの魅力は香り。より強い香りを放つ午前の観賞がお勧めです」と笑顔を見せる。バラ園の端に台を設け、高い目線から眺められるようにした。上から見渡すと「バラの万華鏡のような美しさ」と胸を張る。

境内はこのバラ園「白華峰西洋の庭」の他、石庭、遠州の庭、三慧殿禅林瞑想《めいそう》の庭の4種の庭で構成されている。春は桜、初夏はバラ、秋はライトアップイベントが行われる紅葉など、季節ごとにさまざまな植物が彩りを添える。石庭に隣接する食事処「雲外」では落ち着いた空間で懐石料理が味わえる。

秋の紅葉

冬の雪景色

四季で異なる美しさ

春の桜

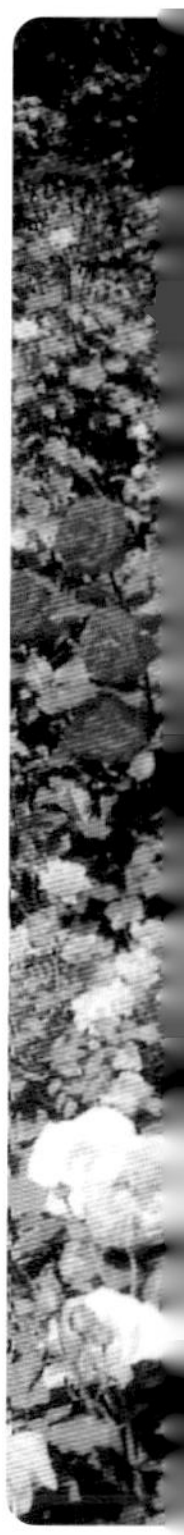

観賞できる主な草花

4月…しだれ桜、ソメイヨシノ

5月下旬～6月上旬…松島セッコク

5月下旬～10月…四季咲きバラ

6月…アジサイ

10月下旬～11月中旬…紅葉

3月上旬～11月上旬…四季の山野草 他

④

⑤

❶アーチの柱部分などに雄勝石を用いたバラ園
❷濃いローズピンクのロサガリカオフィキナリス
❸開花すると黄色から純白になるトランクウィリティー
❹ローズ・コンシェルジュの資格を持つ瀬戸さんが中心になり、従業員数名でバラ園や庭の手入れをしている
❺円通院のイメージに合うように、瀬戸さんが作陶したプレートに品種名を記している
❻オフシーズン、土に肥料を混ぜる瀬戸さん

DATA

松島町松島字町内67
tel.022-354-3206
開／9:00～15:30
休／無休
料金／大人500円、
小・中学生300円

備えています
段差にスロープ

⑥

曹洞宗金剛宝山 輪王寺

東北でも有数といわれる名園

❶

青葉区北山にある「曹洞宗金剛宝山 輪王寺」は伊達家ゆかりの寺院。輪王寺禅庭園は東北でも有数の名園として知られ、仙台市内外から多くの拝観者が訪れる。回遊式の日本庭園は、四季を通じて多彩な花々が咲きそろう。春から夏にかけてはサクラやツツジ、サツキ、アヤメ、アジサイなどが見られ、日に日に表情を変えていく。秋は深まるにつれて鮮やかに色づく紅葉が美しい。1981年に「開山五百回大遠忌」を記念して建立した「三重塔（宝楼閣）五重塔」も見える風景は、四季ごとに趣があり見る人の心に安らぎを与えてくれる。

❷

❸

観賞できる主な草花

- 4月中旬…桜
- 5月中旬…アヤメ
- 5～6月…サツキ、ツツジ
- 7～9月…スイレン
- 11月…紅葉　他

❶緑とサツキの美しいコントラスト
❷趣がある「三重塔（宝楼閣）五重塔」と春の風景
❸秋が深まるとともに色づく紅葉

DATA

仙台市青葉区北山1-14-1
tel.022-234-5327
開／8:00～17:00
休／無休
拝観料／300円（未就学児は無料）

備えています
筆談用具

臨済宗妙心寺派 資福禅寺

「あじさい寺」で知られる寺院

❶

資福禅寺は「あじさい寺」と呼ばれている。6月下旬～7月中旬には本堂前や石段で約1000株のアジサイが咲く、見事な光景が有名だ。水色や青色をはじめ、赤色や白色、ピンク色など多彩な色合いのアジサイが見られる。植え始めたのはおよそ50年前。梅雨時期、天候が悪く室内に閉じこもりがちな季節に、外に出たいと思えるような楽しみの一つになればという願いが込められている。本堂を囲むように「四季の庭」があり、アジサイ以外にも桜やスイセン、ツバキ、ボタン、サザンカなど1年を通じてさまざまな花を観賞できる。

❷

❸

観賞できる主な草花

- 2月…ツバキ、早梅
- 3月…梅
- 4月…桜
- 5月…ボタン、ツツジ
- 6月…アヤメ、ヤマボウシ
- 7月…アジサイ
- 10月…紅葉　他

❶参道を彩るアジサイ
❷青色以外のアジサイも見られる
❸ちょうず舎周辺も緑が多く癒やされる

DATA

仙台市青葉区北山1-13-1
tel.022-234-5730
開／日の出から日没まで
休／無休
拝観料／無料

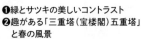

大国神社山野草公園

散策しつつ季節の草花を観察

大国主大神（おおくにぬしのおおかみ）を主祭神としてまつる大国神社の敷地内にある公園では、年間で100種を超える山野草を観察できる。園内には二つのエリアがある。合わせて約4ヘクタールの広さと延べ2キロメートルほどの遊歩道ではカタクリやイワウチワ、ヒメシャガ、リンドウなどが咲き、季節ごとに訪れると異なる顔ぶれの草花を見られるのが楽しい。遊歩道内の「山の見える展望台」や「海の見える展望台」では、写真に収めたくなるような景色が広がる。また、カタクリの開花の時期に合わせて「かたくり祭」も開催している。

観賞できる主な草花

- 3月下旬〜4月上旬…イワウチワ
- 4月上旬〜下旬…カタクリ
- 5月…ヒメシャガ
- 8月〜10月…キバナアキギリ
- 9月上旬〜10月下旬…リンドウ

他

❶新緑の散策コース
❷春を告げるカタクリ
❸あわい色がかわいらしいヒメシャガ

DATA

仙台市青葉区芋沢末坂27-14
大国神社内
tel.022-394-2724
開／9:00〜16:00
休／1・2月（厳冬期は休園）
料金／無料

定義如来西方寺

広い境内で桜や紅葉を楽しむ

平家ゆかりの寺院。地元では「定義さん」と呼ばれ、親しまれている。広い境内には登録有形文化財の「御廟（ごびょう）貞能堂」やシンボルの五重塔をはじめ、飲食店や土産物店も立ち並ぶ観光地だ。春は桜や梅、5月下旬には五重塔の周囲にアヤメが咲きそろい、8月には大本堂前でハスの花も見られる。中でも10月中旬からの紅葉が評判。県内外から多くの観光客が訪れる。参拝をしてから境内を巡り、季節の草花を観察しながら定義さんならではのグルメを楽しんだり、写真撮影をしたりとさまざまな楽しみ方ができる。

観賞できる主な草花

- 4月下旬〜5月中旬…桜、梅
- 5月上旬…シャクナゲ
- 5月下旬…藤、アヤメ
- 7月上旬…アジサイ
- 10月中旬…紅葉

❶青空に映える紅葉と五重塔
❷本堂前のハスの花
❸参拝客を迎える山門

DATA

仙台市青葉区大倉上下1
tel.022-393-2011
開／大本堂境内7:45〜16:15
　　貞能堂境内・五重塔境内
　　8:00〜16:15
休／無休

備えています
段差のスロープ、車いす貸し出し、筆談用具、おむつ交換台、エレベーター、AED、障害者用駐車場

丸森の冬の夜を彩る新イベント

放置竹林の竹を活用し幻想的な世界

2022年12月、丸森町産竹を用いたライトアップイベントが初めて行われた。空気が澄んだ冬の夜に、竹の灯籠約500基の優しい明かりが浮かび上がり、幻想的な世界が来場者を癒やした。

❶

❷

丸森竹灯《あか》り回廊

丸森町の新たな恒例イベントを目指し、2022年12月に初開催。丸森町をはじめ仙南地域や福島県北部地域のインフラ整備、建築工事などを手掛ける町内の企業「春日部組」が主催した。代表取締役の春日部泰昭さんは阿武隈ライン舟下りの理事なども務め、「丸森町をもっと盛り上げたい」と新イベントを企画したという。

春日部さんは「冬はどうしても観光客が減りがちです。さらに人口減少や19年の台風被害、コロナ禍などで活気がなくなった町を活性化できれば」と意気込む。町のタケノコはもともと名物として知られるが、高齢化に伴い放置竹林が増えた。放置竹林は土砂災害や倒木などを引き起こす原因になる。

春日部さんは「竹林を整備して活用することで、新たな産業や雇用を生むことにつながります。観光資源になる可能性もあります」と思いを明かす。会場に選んだのは、伊達家14代稙宗が隠居生活を送っていた丸山城跡の麓に広がる放置竹林だ。

町内の団体・企業と連携

町の美しい自然を守る活動をするNPO法人「あぶくまの里山を守る会」や、町の活性化に取り組む企業「GM7」が竹の加工などを協力。会場を幻想的に飾り付けた。

さらに「丸森の竹物産フェ

③

❶伊達家の居城丸山城跡麓が会場となった
❷約500基の明かりと竹林が調和
❸幻想的な空間を演出
❹多彩なたけのこ料理が味わえる「竹弁当」
❺新名物を目指す「筍バーガー」
❻イベントに向け放置竹林を整備

手作りの竹灯籠で演出 たけのこグルメも考案

ア」と「不動尊公園キャンプ場竹はんごう祭り」も同時開催した。丸森産のタケノコを使った「筍（タケノコ）バーガー」や「竹弁当」を販売。新しいグルメを考案することで丸森のタケノコのおいしさもPRした。

継続して定着化

12月17日～25日の日程は集客に不安があったものの、クリスマス時期に重なったこともあり、実際には予想を上回る約2000人が訪れた。特に25日は約500人が来場し、盛況だったという。春日部さんは「仙台方面のライトアップイベントを訪れた方が、丸森竹灯り回廊にも足を運んでくれました。丸森の冬のイベントとして定着させる第一歩になったと思います」と振り返る。

次回は規模を拡大し、さらなる集客を図ることで知名度を上げるのが目標だ。「丸森町」と聞いたら連想してもらえるようなイベントへ成長させていくことを目指す。

❺

❹

❻

DATA

丸森町矢洗92-1　他
丸山城跡麓
（北側土手沿い）
問／丸森町観光案内所
tel.0224-72-6663
日時／2023年は11月下旬～
12月上旬（予定）
料金／無料

津波の被災地を整備し開設

人と人をつなぐバラ園

雄勝ローズファクトリーガーデン

東日本大震災で被災した住民が中心になって立ち上げた団体「雄勝花物語」が運営している。代表理事の徳水利枝さんが、震災による津波で流された母親や親戚を弔うために、2011年8月に実家跡地に花を植えたのが開設のきっかけだ。支援団体やボランティアと一緒に花壇、さらには花畑を整備して規模を拡大していった。

復興道路の建設のため、17年9月に約50メートル離れた現在地への移転作業を始め、18年3月に開園にこぎつけた。新しいガーデンは3500平方メートルと広く、シンボルツリーのオリーブを中心に4種類の庭園で構成している。

バラはアメリカ、アンジェラ、アルケミスト、カウンティ・フェア、アンネフランク、スノーグーズ、パスカリ、ブライダルピンク、正雪、イングリッシュガーデン、いおりなど約80種も

1

初夏から秋にかけて 80品種が順次開花

東日本大震災による津波で壊滅した石巻市雄勝地区に、被災した住民が「花と緑の力で復興」という思いを込めて開設したバラ園。見頃のシーズンは色とりどりのバラが来園者の心身を癒やす。

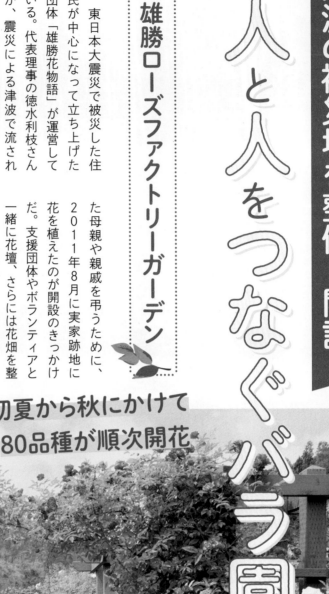

あり、初夏から秋にかけて順次開花する。

これらのバラは年間を通して、常駐スタッフ2人とボランティアスタッフ3人で管理している。バラの開花期は地元の高齢者スタッフが、花の収穫やドライフラワーづくりで大活躍。ボランティアスタッフは冬の施肥も行っている。

ラベンダーをはじめ15種前後のハーブも育てている。ハーブはハーブティーに加えるため、完全無農薬・有機肥料による栽培だ。そのため除草や害虫駆除が大変だという。

3～12月はガーデン内でカフェを営業。飲み物とアイスクリームを販売し、ゆったりと過ごせるようにしている。

周辺の整備計画が進行中

震災から12年以上がたった。徳水さんは「人と人、人と土地をつなぐ場。地域コミュニティーの維持と被災地ボランティアの受け入れという役割はずっと変わっていないと思います」と語る。

現在、雄勝花物語をはじめとする5団体による「雄勝ガーデンパーク推進協議会」が「雄勝ガーデンパーク構想」を進めている。ガーデンを中心とした周辺一帯に花や緑を植え、農園や公園も整備する計画だ。

イベントや体験教室も

バラが最盛期を迎える5月中旬～ 6月中旬は「薔薇《ばら》お楽しみ会」と題したイベントを開催。カフェではバラを眺めながらハーブティーをゆったり味わえる。バラを用いた手作り体験や、バラを材料にしたグッズ販売もある。

通年で、花を用いた手作り体験教室を開催。押し花はがき、押し花しおり、ハーバリウム、ボタニカルキャンドル、アロマサシェ、スワック作りができ、いずれも要予約。

観賞できる主な草花

4月下旬～6月上旬…ネモフィラ、チューリップ

5月中旬～7月上旬…バラ

6月下旬～7月下旬…ラベンダー

8月下旬～10月下旬…ダリア、セージ 他

ハーブもいろいろ

ラベンダー

アルケミラモリス

エキナセア

❶津波が押し寄せた地にチューリップなどを植えたのが始まり
❷バラはつる性と木立ち性が100本ずつあり、最盛期は通路もアーチも華やか
❸銅とオレンジを混ぜたような色のパットオースティン
❹甘い香りが魅力のペッシュボンボン

DATA

石巻市雄勝町雄勝字味噌作34-2
tel.090-9037-4593
営／10:00～16:00
（カフェは3～12月）
休／火曜、年末年始
料金／無料

備えています
段差にスロープ、筆談用具、障害者用駐車場

ガーデンもごちそうのうち

自然に囲まれた

North Pole ノースポール

四季の恵みを存分に 目と舌で味わうフレンチのコース

富谷市にある隠れ家的なガーデンレストラン。ガーデンでは店名に冠しているノースポールをはじめ、さまざまな草花が見られ、のんびり散策するのもお勧め。中でもチューリップや藤が咲く春は彩り豊かで、スタッフもお気に入りの季節だ。居心地のいい店内の窓際の席では、季節ごとの花と緑があふれるガーデンを眺めながらフレンチのコースを味わえる。人気メニューはランチタイム限定の「ノースポールコース」(4000円)。地元農家から直接仕入れる季節の野菜を積極的に使用している。アミューズ、オードブル2種、スープ、魚料理と肉料理、デザート、ドリンクと充実の内容で、目と舌で楽しめる。ランチは予約優先、ディナーは完全予約制。

観賞できる主な草花

2~3月…クリスマスローズ
3~4月…桜、梅
4~5月…チューリップ、藤
6~10月…カラー、キキョウ、ルドベキア
12~5月…ノースポール
他

❶取材日の「ノースポールコース」のメインは「金目鯛のポワレ ゆずのソース」と「仔牛のロースト きのこクルート」
❷季節ごとの野菜などを使うアミューズやスープ
❸ピアノがある落ち着いた雰囲気の店内
❹ガーデンを彩るチューリップ
❺❻県外から訪れるファンもいる藤

DATA
富谷市富谷仏所210-20
tel.022-358-9240
営/ランチ(予約優先)11:30、12:15、13:00、14:00
ディナー(完全予約制)
土曜18:00、19:00
休/月曜(祝日の場合は営業)、臨時休あり

レストラン＆カフェ

季節ごとにさまざまな草花を愛でられる すてきなガーデンにも注目したいレストランやカフェをピックアップ。おいしいグルメを堪能し、美しい景観を眺めてパワーをチャージして。

大空《そら》（SORA）Cafe

童話の世界のような空間で 自家野菜ふんだんランチ

蔵王町の遠刈田温泉にあるガーデン「蔵王Little Garden」の一角にたたずむカフェ。店主の夫が幼少期に過ごし、しばらく空き家になっていた建物を自らリフォームした店舗は、童話に出てくるようなかわいらしさ。外の席では季節で異なる表情のガーデンを眺めながら飲食ができる。ランチはメイン料理をワンプレート、パスタ、グリーンソースチキンカレーから好みの1種を選べる。取材時のワンプレートは黒豆ご飯と、タマネギや紫ハクサイ、ニンジン、ナスなど自家栽培の野菜をふんだんに使った5種の料理が楽しめた。スイーツやオリジナルブレンドのハーブティーなどもある。ガーデンで育てている草花や野菜は井戸水を使っている。

観賞できる主な草花

3月…原種シクラメン、梅

4月中旬…水仙

5月上旬～中旬…オルラヤ、藤

他

❶土・日曜、祝日限定の「のんびりのランチ」（メインがワンプレートの写真は2300円、メインがパスタかカレーの場合は2200円）はサラダ、スープ、スイーツ、ドリンクも付いて豪華。平日の「お手軽ランチ」（1450円から）はメインとドリンクのセット。どちらも数量限定
❷店舗では植物や雑貨、オーダーカーテンも販売
❸ピンク色の藤がシャワーのように垂れ下がる
❹上品な純白のオルラヤ
❺多品種の植物が少しずつあり、訪れるたびに異なる風景を楽しめる

DATA

蔵王町遠刈田温泉字新地東裏山44-3
tel.0224-34-3868
営／木～日曜、祝日
11:30～16:00
休／月～水曜、臨時休あり

百目木《どーめぎー》ガーデン＆カフェ

早春はクリスマスローズ愛で ゆったりティータイム

❶

❷

❸

❹

❺

のどかな里山の風景と調和したカフェ。毎年早春にクリスマスローズを直売している。白色や黄色、緑色、黒色、ピンク色など多彩に咲きそろうクリスマスローズは全て自家交配。2〜3月に開花のピークを迎え、例年3月第1金〜日曜に「百目木春祭り」を行い、クリスマスローズを販売する。販売用のポット仕立ての株以外にも、店舗の裏手には1000株以上のクリスマスローズが地植えされていて、見て楽しむこともできる。クリスマスローズ以外に早咲きの桜や梅も見られるほか、初夏は新緑が美しい。ハウス内のカフェでは天然水を使った水出しの自家ばい煎コーヒーや、季節ごとの自家製スイーツを提供。ハウス内でゆっくりとくつろぐのはもちろん、テイクアウトして花や緑を眺めながら味わうのもお勧めだ。休みは不定期のため、来店前に電話で問い合わせると確実。

観賞できる主な草花

2〜3月…クリスマスローズ

3〜4月…桜、梅　他

❶かわいらしく飾り付けがされているハウス内のカフェ
❷香り豊かな自家ばい煎コーヒー
❸自家製スイーツの内容は訪れてからのお楽しみ
❹多彩な色がそろうクリスマスローズ
❺早春に店舗周囲で咲く梅

DATA

丸森町耕野百目木10-1
tel.090-2246-2358
営／10:00〜15:00
休／臨時休あり

P

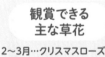

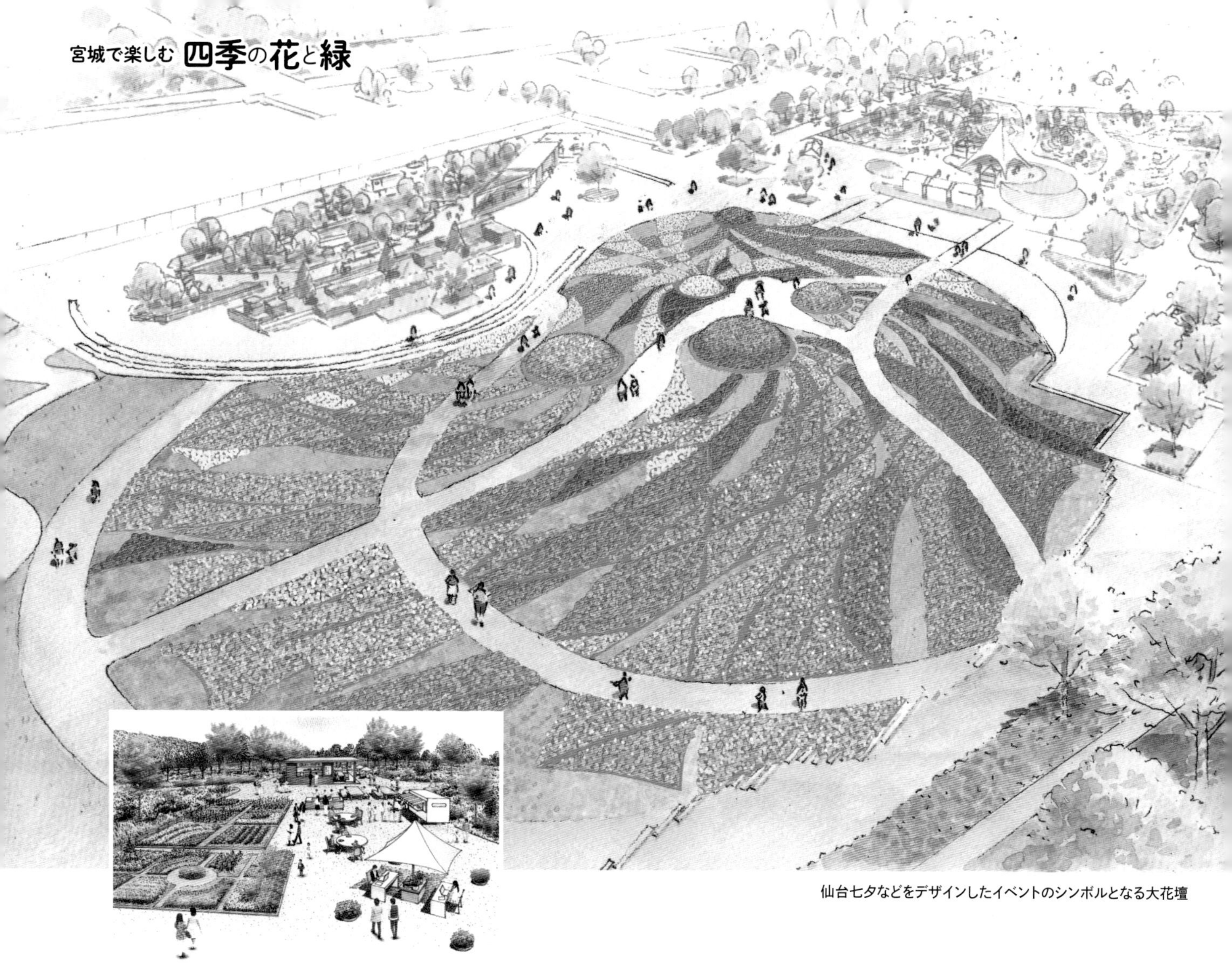

仙台七夕などをデザインしたイベントのシンボルとなる大花壇

都市緑化と「杜の都仙台」ブランド向上に期待

国内最大級の花と緑の祭典「未来の杜せんだい2023」

1983年から毎年各地で開催されてきた国内最大級の花と緑のイベント「全国都市緑化フェア」が2023年4月26日㈬〜6月18日㈰、仙台市で開かれる。同市での開催は1989年に市制施行100周年・政令指定都市移行記念事業として「'89グリーンフェアせんだい」が開催されて以来、34年ぶり。今回の「未来の杜せんだい2023」の開催にあたり、事務局では100万人の来場を目標に掲げており、都市緑化への寄与とともに東日本大震災からの復興の発信、交流人口の拡大、都市ブランド向上など多くの効果が期待されている。

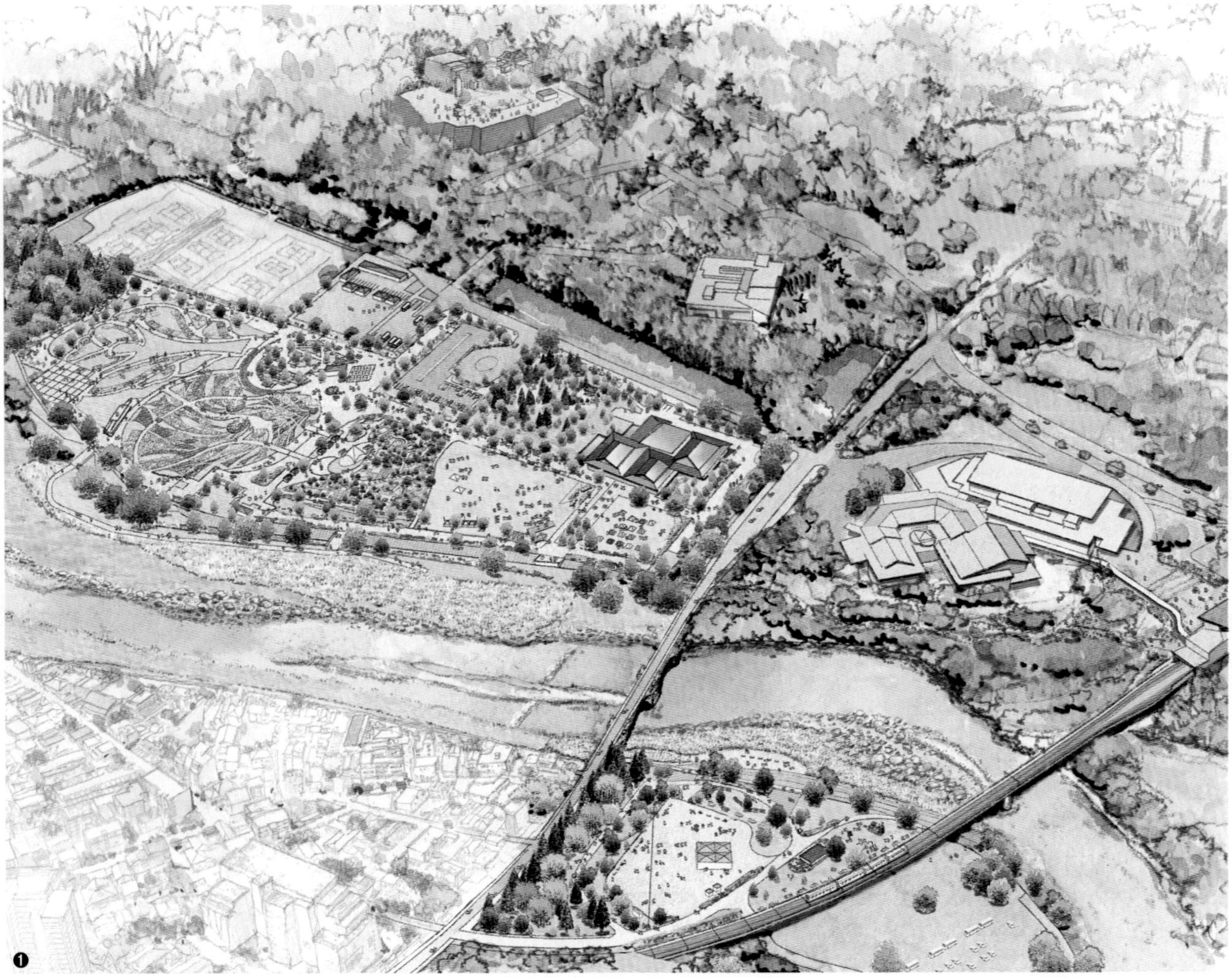

❶

「杜の都の環境をつくる条例」制定50周年の節目に開かれる「未来の杜せんだい2023」。これまで仙台市が市民と協働で取り組んできた「百年の杜づくり」を次世代へとつなげる花と緑のさまざまな企画とともに、東日本大震災からの復興や防災のまちづくり、「杜の都・仙台」の都市ブランドの魅力を国内外に発信。新たな交流やさらなる都市活力の創出を目指している。

仙台の魅力を来場者に広く紹介

「未来の杜せんだい2023」のメイン会場となるのは青葉山公園や西公園、広瀬川といった「杜の都」のシンボル的な景観で知られるエリア。

地下鉄東西線国際センター駅前には総合案内所となる新施設「仙臺《せんだい》緑彩館」がオープン。イベント案内や観光情報を発信するほか、仙台市の緑化や防災に関する取り組み、歴史・文化などを展示で紹介する。目の前には仙台フェアのシンボルとなる大花壇をはじめ全国の自治体、市民協働などによる大小の個性豊かな花壇、造園団体・企業が技を尽くした庭園、「イグネのある暮らし」をテーマにした次世代のガーデンなどが造られる。

西公園南側には親子で楽しめるアスレチックが登場。遊びながら自然を体感できるプログラムや、植物観察などをテーマとしたワークショップが行われ、ガーデンテラスで青葉山や大橋、広瀬川の展望とともに飲食が楽しめる。

広瀬川の河原にも花畑、公園から河川敷にアプローチする散策路、広場が新設され、広瀬川の新たな魅力創出が期待されている。

この他、仙台駅ペデストリアンデッキや定禅寺通、青葉通、宮城野通といった街なかの会場でも花と緑のイベントを開催。せんだい農業園芸センターみどりの杜（11ページに関連記事）やせんだい3・11メモリアル交流館、震災遺構仙台市立荒浜小学

第40回全国都市緑化仙台フェア

愛称 未来の杜せんだい2023

～ Feel green! ～

4月26日㈬～6月18日㈰ 54日間

会場／青葉山公園追廻地区、西公園南側地区、広瀬川地区、仙台駅ペデストリアンデッキ、定禅寺通、青葉通、宮城野通、せんだい農業園芸センター みどりの杜、せんだい3.11メモリアル交流館、震災遺構仙台市立荒浜小学校、海岸公園、高砂中央公園（仙台うみの杜水族館） 他
入場料／無料
主催／仙台市、公益財団法人都市緑化機構
テーマ／杜の都から始まる未来、みどりを舞台に人が輝く
問／事務局（仙台市建設局全国都市緑化フェア推進室内）
tel.022-214-8727

マスコットキャラクター
フォレッピ

❶メイン会場である青葉山公園追廻地区、西公園南側地区、広瀬川地区では、「杜の都・仙台」のシンボルである豊かな緑が体感できる
❷体験型アクティビティ「フォレストアドベンチャー」。「ジップライン」（写真はイメージ）をはじめ12のアスレチックが登場する
❸定禅寺通に緑に囲まれた屋外ワークスペースが設置されるなど、仙台市中心部の催しも多種多様

校、海岸公園、仙台うみの杜水族館を含む高砂中央公園では震災の記憶の継承、復興を発信すると共に自然に触れながら家族で楽しめる催しが用意される。

フェア終了後も「市民憩いの場」に

34年前の「'89グリーンフェアせんだい」終了後、会場跡地には1990年に「七北田公園」（8ページに関連記事）が開園。約22ヘクタールの公園内にユアテックスタジアム仙台や体育館、野球場、テニスコート、ムーミンをデザインした北欧遊具の「キートス広場」、緑の相談や園芸講習会などを行う「都市緑化ホール」が整備され、都市緑化の拠点、市民の憩いの場として親しまれている。

今回の「未来の杜せんだい2023」終了後も青葉山公園・仙台城跡方面への玄関口に立地する仙臺緑彩館で、国内外からの来訪者に向けて「杜の都・仙台」の歴史・文化などの魅力を発信していくほか、会場跡地では、仙台城跡などの歴史的資源や広瀬川などの優れた自然景観を生かし、来訪者が親しむことのできる仙台の新たなシンボルとして公園を利活用していく方針だ。

「'89グリーンフェアせんだい」の様子

仙台フェアの総合案内所となる新施設「仙臺緑彩館」。フェア期間中はイベント案内や観光情報を発信するほか、さまざまなコンテンツを展示。フェア終了後も隣接する国際センター来訪者らに仙台の魅力を発信する

お土産と言えば

笹かまぼこ

写真提供／佐々直

名物誕生小話

かまぼこは、平安時代の文献に見られることから、1000年前には存在していたと考えられる。それ以前にも、竹串などに魚肉を筒形に巻き付け、あぶって食べていたようだ。

かまぼこの名の由来は、その巻き付けた形がガマ（蒲）の穂に似ていることから「がまのほ」と呼ばれ、やがて「かまぼこ」になったという話が通説。地域によって種類や製法は異なるが、主に蒸し、焼き、ゆで、揚げに大別される。はんぺんやつみれもそれらの

仙台エキナカ　検索

松かま

ふわふわの
お豆腐揚かまぼこ
「むう」

かまぼこの製造直売店です。工場直送で出来立てのお味を楽しめます。

また、お土産に人気の「むう」は、大豆まるごとのうま味が、ぎゅっと詰まったお豆腐揚かまぼこ。ふわぁ～とした優しい食感が口の中に広がります。

松島蒲鉾本舗

総本店・門前店／
松島町松島字町内120
TEL022-354-4016

松かま　検索

仙台駅売店
仙台本店
マリンゲート塩釜店
多賀城工場売店
でもお買い求めいただけます

石巻名産 笹かまぼこ

創業昭和元年。
家伝の技法を守り続ける
肉厚で柔らかな笹かまぼこ

バジルの香りとチーズの風味がたまらない「小笹バジルチーズ」が新登場！ 贅沢に使われた「吉次」が味の決め手の笹かまぼこは、素材をとことん吟味しているから厚みがあってボリューム満点です。

粟野蒲鉾店

仙台駅エキナカ店
TEL022-267-4438

粟野蒲鉾店　検索

仙台三越店
でもお買い求めいただけます

鐘崎

化学調味料に頼らず、
自然の素材で
焼き上げました。

保存料・でんぷん・卵白のみならず化学調味料も使用せず、自然の素材で焼き上げました。高級魚「吉次」やミネラル豊富な「伊達の旨塩」といった素材にこだわり、魚本来のうま味を際立たせた『大漁旗』は、お土産ご贈答におすすめのプレミアムな笹かまぼこです。

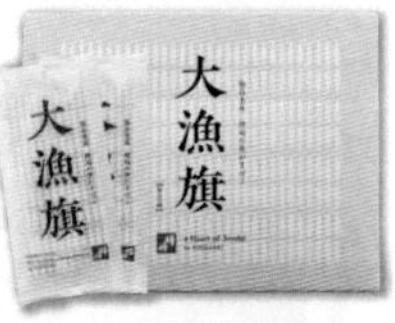

かまぼこの鐘崎

本社／仙台市若林区鶴代町6-65
TEL0120-444-777

鐘崎　検索

仙台駅売店
仙台空港売店
市内百貨店
エスパル仙台店
鐘崎総本店笹かま館
でもお買い求めいただけます

明治43年創業。
かまぼこの、次の百年へ。

石巻沖で水揚げされたのどぐろをたっぷりと使った「のどぐろ笹かま」は、焼き魚を思わせるパンチのある風味と味わいが特長です。水さらしの工程を抑えた落とし身を練り込む事でのどぐろ元来の旨味を引き出しました。

松澤蒲鉾店

ハピナ名掛丁本店／
仙台市青葉区中央1-8-28
TEL0120-25-6433

松澤かまぼこ　検索

仙台空港売店
エスパル仙台店
杜の市場店
宮城の萩大通り店
でもお買い求めいただけます

カネコ

肉厚でふっくらとした
味わいが自慢の逸品です。

第66回・68回・70回・73回全国蒲鉾品評会にて、弊社の「松島笹」が「水産庁長官賞」を受賞いたしました。1枚の大きさが約100gと大きく肉厚で、ふっくらとした笹かまをご賞味ください。

カネコの笹かま

本社工場直売店/
塩釜市北浜4丁目4番17号
TEL022-361-1533

カネコの笹かま　検索

仙台空港売店
東北自動車道
長者原SA下り線売店
三陸自動車道
むすび丸春日PA上下線売店
でもお買い求めいただけます

ひとくちメモ

笹かまの名前

笹かまぼこの名は、その形状が笹の葉に似ていたことに由来するとの説があります。笹に殺菌作用があることは広く知られるところですが、みずみずしいイメージが昔から愛されてきました。「ベロかまぼこ」「木の葉かまぼこ」「手の平かまぼこ」とも呼ばれており、「笹かまぼこ」の名称もその中の一つでした。

笹かまぼこができるまで

❶魚の身おろし・水さらし

ベテランの職人が、魚の身を丁寧に取ります。きれいな水にさらして脂分や不純物を取り除いた後、搾って水気を抜き取ります。

❷練り合わせ

調味料などを入れて練り合わせ、粘りとうま味を引き出します。

❸形成

笹かまぼこ独特の笹の葉の形に整えます。

❹焼き上げ

香ばしい焼き色が付くまで、じっくり焼き上げます。

ヒラメの大漁に困って

宮城県内に、かまぼこが誕生したのは江戸時代中期とされる。しかし、仙台藩の「貞山公治家記録」によると、伊達政宗が江戸屋敷で徳川秀忠・家光をもてなした際の献立に「カマホコ」の名前が見られ、もっと昔から食べられていた可能性はある。

三陸沖が近い宮城では、明治時代後期にヒラメの大漁が続いた。余った魚の処理に困った魚屋たちは、魚をすりつぶし、平たくして焼いて食べたという。これが今の笹かまぼこのルーツ。その後、先見の明があった魚屋がおいしいれた博覧会に出品してアピールした。

仙台名産として脚光を浴びるようになったのは、昭和30年代後半から。経済成長に伴う観光業の発達や、保存・輸送技術の進歩によって、笹かまぼこの名は全国へ広まった。

現在、県内には多くのかまぼこ店があり、それぞれ独自色を打ち出している。伝統製法にこだわった店、笹かまぼこ作りの見学や体験ができる店、新商品の開発に力を注ぐ店……。商品もヘルシーさをうたった豆腐入りのかまぼこや、つまみ、おやつになる商品など、品ぞろえ豊か。食べ比べて好みの味を見つけよう。

JR仙台駅 仙台エキナカおみやげ処《どころ》で お待ちしております

営／おみやげ処せんだい1号 8:00～21:00
おみやげ処せんだい2号 8:15～20:45
※店舗によって異なりますので事前にご確認ください

お問い合わせ／JR東日本東北総合サービス株式会社 仙台営業所　TEL022-354-1577

阿部蒲鉾店の看板商品
「魚の旨みがしっかりする」
阿部の笹かまぼこ

職人が五感を研ぎ澄ませてすり身の状態を見極め、しなやかな弾力のあるぷりぷりとした食感を実現しました。吟味されたミネラルたっぷりの塩と宮城県産本醸造特級醤油を配合した魚の旨みが際立つ味付けです。

阿部蒲鉾店
本店／仙台市青葉区中央2-3-18
TEL0120-23-3156
阿部かま 検索
エスパル仙台店
藤崎店
仙台三越店
松島寺町店
でもお買い求めいただけます

佐々直 SASANAO SINCE 1916

笹かまの
ルーツとも言うべき
手のひら蒲鉾

伊達62万石の仙台城下を賄う漁港として栄えた閖上港。ヒラメの宝庫として知られるこの地で「手のひら蒲鉾」は誕生しました。当時の製法のままに、一枚一枚手でたたいて形を整えて、炭火でじっくりと焼き上げる「素朴でふっくらした味わい」をご賞味ください。

佐々直
中田バイパス店／
仙台市太白区中田町字清水15-1
TEL022-241-2324
佐々直 検索
エスパル仙台店
仙台空港売店
仙台三越店
でもお買い求めいただけます

石巻 白謙《しらけん》

創業100有余年。
これまでも、これからも、
まごころ込めてつくります。

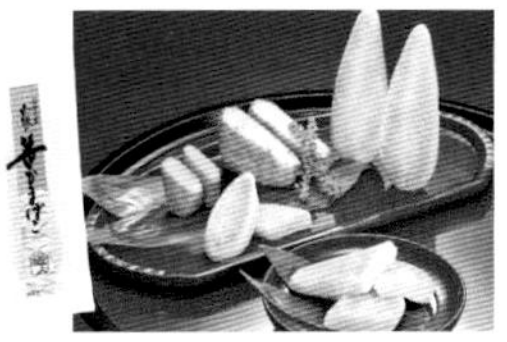

白謙の笹かまぼこは、厚みがあってプリッとした歯ごたえ。魚本来の旨味とほんのりした甘味を引き出した、逸品ぞろいです。厳選素材を使って一枚一枚丁寧に造りあげています。

石巻 白謙蒲鉾店
本店／石巻市立町2-4-29
TEL0225-22-1842
白謙 検索
エスパル仙台店
仙台三越店
藤崎店
でもお買い求めいただけます

こんな食べ方はいかが？

笹かまぼこレシピ

そのまま食べてもおいしい笹かまですが、ちょっとの工夫で大変身！皆さまからのオススメレシピをご紹介。

1. 笹かまホットドッグ

ホットドッグのソーセージを笹かまぼこに変えたヘルシーレシピとなっています！

チーズをかけてみたりオーブンで焼いてみたりお好みでアレンジをしてみてください！

材料

- 笹かまぼこ ……… 2枚
- ドッグパン ……… 2枚
- サニーレタス …… お好み
- ケチャップ …… お好み
- マヨネーズ …… お好み
- バター ……… 適量

作り方

1. 笹かまぼこを2枚に切る
2. ドッグパンにバターを塗る
3. サニーレタスと笹かまぼこを挟む
4. マヨネーズとケチャップをかける

2. 笹かまでお鍋

実はお鍋にもピッタリの笹かまぼこ！
だしも出てお鍋がより一層おいしくなります！

材料

- 笹かまぼこ ……… 3枚
- 白菜　●豆腐
- 人参　●椎茸

などお好きなものをお好きなだけ

作り方

1. だしの素と笹かまぼこ、硬い食材を入れて火を起こす
2. 沸騰してきたら、他の食材を入れる
3. 笹かまぼこが膨らんだら食べ頃です

資料提供／粟野蒲鉾店

行列ができる名物グルメ

牛たん焼き

戦後に誕生 塩味の炭火焼き

「牛たん焼き」は仙台市青葉区にある「味太助」初代の故・佐野啓四郎さんによって考案された。仙台市内で焼き鳥中心の飲食店を経営した佐野さんは20代の頃に牛たんに出合い、その素材に魅せられた。知り合いのフランス料理店で口にした、たんシチューのおいしさに衝撃を受けたのだった。

佐野さんは焼き料理中心の店でも気軽に提供でき、日本人好みの牛たんメニューを作ることに。試行錯誤の末、牛たんを切って塩味で寝かせて焼く方法を思い付いた。こうして、戦後間もない1948年、仙台で炭火焼きの牛たん専門店を開業した。

現在、仙台の牛たん焼きは佐野さんの味を引き継ぐ塩味が多いが、味噌味やたれ味などもあ

仙台エキナカ　検索

る。麦飯とテールスープを付けた3点セットの定食スタイルが一般的。漬物や南蛮味噌漬けが添えられる場合もある。

多彩なアレンジメニュー 弁当や土産品にも

最近は牛たん専門店に限らず、仙台市内を中心とした飲食店で牛たん焼きや牛たんを使ったアレンジメニューが目を引く。カレーや煮込み、しゃぶしゃぶなど多彩で、牛たん焼きとは違うおいしさに出合える。食事にも酒のつまみにもなる牛たんは、幅広い世代に親しまれている。

東北の玄関口であるJR仙台駅でも、牛たんの存在感は抜群だ。お土産はもちろん、さまざまなシーンでの贈り物としても牛たんは人気が高い。仕込みの技が光る「これぞ牛たん」の伝統の味、趣向を凝らした食べ方、牛たんの概念を覆したスタイルの商品がずらりと並ぶ「おみやげ処（どころ）せんだい」なら、お気に入りの品が見つかるはずだ。

やっぱり牛たんが食べたい

仙台発祥

牛たん通り

JR仙台駅3階の牛たん通りには人気の牛たん専門店がずらり。

仙台にいらっしゃった方へのおもてなしにはもちろん、それぞれの味わいがあり、お気に入りの店を見つけて何度も通いたくなる場所だ。

厚くスライスした後に数日間「仕込み」をするのが仙台牛たんの特徴。この熟成と味付けがその店の味を決める。炭火で焼き上げた牛たんとテールスープ、麦飯をセットにした牛たん定食は栄養バランスも抜群だ。

通りのシンボル 伊達政宗公騎馬像

一番奥に鎮座する伊達政宗公騎馬像。フォトスポットとしても人気です。

写真提供／JR東日本東北総合サービス㈱

お問い合わせ／JR東日本東北総合サービス株式会社 仙台営業所　TEL022-354-1577

JR仙台駅 仙台エキナカでお待ちしております

営業時間

おみやげ処せんだい1号	8:00～21:00	
おみやげ処せんだい2号	8:15～20:45	
※店舗によって異なりますので事前にご確認ください		
おみやげ処せんだい5号	9:00～20:00	
牛たん通り	11:00～21:30 (Lo.21:00)	全席禁煙 無休

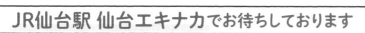

心に刻む
郷土の輝き

日本屈指の米どころ「みやぎ」 みやぎの米

コメづくりで大切なのは稲の成長期から開花期に当たる夏の気象条件。宮城は、昼は十分な日照に恵まれながらも夜は比較的涼しいのが特徴で、良好な生育を促す好条件となっている。昼夜の寒暖差は、コメの甘さを引き出すことにもつながる。このような豊かな環境の中、消費者に長年愛されている「ササニシキ」や人気銘柄「ひとめぼれ」を生産するなど、宮城が古くから良質米の一大産地としての地位を確立した。近年は、もちもち食感の「だて正夢」や玄米食向け品種「金のいぶき」と、個性あふれる「みやぎ米」が誕生し、多様化する消費者の嗜好（しこう）に対応している。

「みやぎ米」主要銘柄

ひとめぼれ

おコメにつやがあり、適度な粘りとうま味や香りなどトータルバランスが良く、さまざまな料理に合う。2021年にデビュー30周年を迎え、宮城の主力品種として長く愛され続けている。

ササニシキ

炊き上がりの香り、粘り、つやも良く、ふっくらとした食感には根強い人気がある。あっさりとした味わいで、おかずの味を引き立たせる香り豊かな風味が特長。和食との相性が特に良い。宮城米の歴史を支えてきた品種で2023年にデビュー60周年を迎える。

金のいぶき

普通の玄米に比べて胚芽が3倍大きく、栄養も豊富。さらに甘くてもちもちした食感で、玄米なのに食べやすいのが特長だ。長時間の水浸けの必要もなく、白米モードで簡単に炊ける画期的な玄米。

だて正夢

もちもち食感が特長で、かむほどに一粒一粒からおコメ本来の甘味とうま味が堪能できる。じっくり、ゆったりと味わってほしい、ぜいたくな時間を演出するブランド米。食味の良さが特長で、炊きたてはもちろん、冷めた状態での味や香りの評価も高い。

問／県みやぎ米推進課 tel.022-211-2841
「宮城米マーケティング推進機構」ウェブサイト
https://foodkingdom.pref.miyagi.jp/miyagimai/

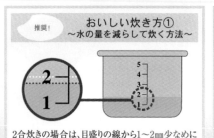

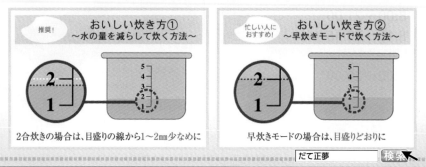

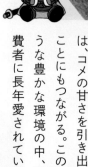

心に刻む郷土の輝き

米どころが育む酒造り みやぎの地酒

宮城の酒造りのルーツは、伊達政宗が始めた御用酒屋といわれており、その発展とともに宮城の酒造りの技術は磨かれてきた。近年では1986年に「みやぎ・純米酒の県宣言」を行い、宮城の酒のおいしさが評判となり、酒造業界において高品質酒の先駆けとなった。現在では宮城の酒は90%以上が特定名称酒(高品質酒)で、全国の平均35%をはるかにしのいでいる。

女性や若い世代へのPRの他、海外進出にも挑戦し、県酒造組合主催の日本酒イベントも開催している。

みやぎの酒米

「蔵の華」

酒造好適米の山田錦と東北140号を交配して誕生した。山田錦をはじめとする他の酒造好適米に比べて穂の丈が短いため倒れにくく、寒さや病気にも強いという特徴がある。また、米粒はやや大粒で低タンパク質のため、雑味のないすっきりとした味わいの酒が醸し出される。「蔵」の中で酒香を漂わせ、人を心地よく酔わせる「華」になれとの願いを込めて命名された。

「吟のいろは」

東北189号(げんきまる)と出羽の里を交配し選抜、誕生した酒造好適米。コメの中心部に「心白」が出やすく、こうじ造りにも適している。「蔵の華」で醸造した日本酒が淡麗ですっきりとした味わいとなるのに対し、「吟のいろは」は味わいに膨らみのある柔らかな酒質になる。名称は「基本」という意味に加えて、伊達政宗の長女・五郎八(いろは)姫にあやかった「いろは」と、吟味した酒造りを表す「吟」から名付けられた。

酒造組合ウェブサイトに公開している「選り取りナビ」で あなた好みの「宮城の酒」を見つけてください。

年4回、複数の審査員が厳正な審査を行い、その結果を公開しています。各銘柄の「今」の香りや味わいを的確に表現しています。

問/県酒造組合 tel.022-222-3131 https://miyagisake.jp

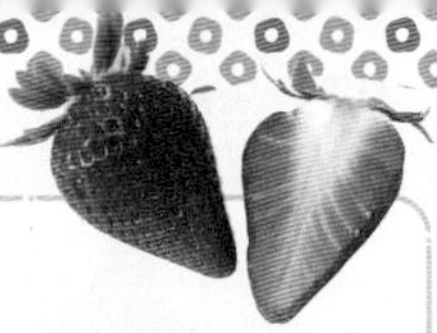

心に刻む
郷土の輝き

東北一のイチゴ産地
みやぎのイチゴ

宮城県は東北一のイチゴの生産量を誇る。沿岸部の冬場の日照量の多さ、温暖な気候など、イチゴ栽培には理想的な土地だ。しかし東日本大震災の津波で甚大な被害を受け、特に亘理町と山元町は栽培施設の9割以上が被害を受けたが、新たに大規模な「いちご団地」やいちご生産法人が設立され、震災前の生産量を取り戻している。

震災を機に栽培方法も変化。かつてはビニールハスでの土耕栽培が主だった。しかし津波で土壌と地下水が塩害を受けたため、大規模団地で最新の高設ベンチ・養液栽培となった。

宮城の主力品種は「もういっこ」「とちおとめ」の他、この二つの良さを掛け合わせた期待の星の「にこにこベリー」は、「作り手、売り手、さらには手に取って食する全ての人が笑顔になるイチゴ」の思いを込め、品種登録を出願した。

生産現場ではこれまで以上に生産拡大を進め、イチゴ狩りや加工品の開発などにも地域を挙げて取り組んでいく。

おいしさ抜群!トリオ

もういっこ

宮城県育成品種で、大粒の果実とさわやかな甘さが特徴。食べ応えがあり、すっきりとした甘さには大粒の果実にもかかわらず、ついつい「もう一個」と手を伸ばしてしまう魅力がある。

とちおとめ

栃木県育成品種で、全国的にも知られる代表的なイチゴ。宮城県主力品種の一つでもある。糖度が高く食べやすいことから、幅広い年齢層に受け入れられている。

にこにこベリー

2019年本格デビューの宮城県育成品種。「もういっこ」と「とちおとめ」の交配により誕生した。甘みと酸味のバランスが良く、実の内側も鮮やかな赤でスイーツなどにも向いている。名前には「食べる人も売る人も作る人も、みんな笑顔になるように」との願いが込められている。

写真提供・問/県園芸推進課 tel.022-211-2843

みやぎのイチゴの魅力を発信しています!

いちごサミット

令和5年2月9日～10日に県庁ロビーにおいて、宮城県産いちごの「100億円産地の育成」に向けて県内を代表するいちご生産法人およびJA全農みやぎが一堂に会し、いちご生果や加工品販売を行うイベントとして開催されました。

宮城県育成品種の「もういっこ」「にこにこベリー」や各いちご生産者のこだわりの品種及び加工品を販売し、宮城のいちご産地を盛り上げて行く企画でたくさんの方が来場されました。

次年度以降も同様なイベントを開催していく予定ですので、これからも宮城県産いちごへの皆さまの応援よろしくお願いいたします!

問 園芸推進課 TEL022-211-2843

次年度以降の開催については
宮城県WEBサイトで御確認ください

仙台 エリア

仙台市…38〜41
青葉区…42・43
宮城野区…44・45
若林区…46・47
太白区…48・49
泉　区…50・51

仙台市

伊達政宗が1600年に居城を定めて以来、雄藩の城下町として栄え、現在、東北の中枢を担う都市。緑豊かな「杜の都」として親しまれ、作並や秋保などの温泉、二口渓谷、泉ヶ岳といった観光資源が豊富。各種プロスポーツ観戦も楽しめる。

仙台・青葉まつり

春 5月20・21日

会場／勾当台公園市民広場 他
問／仙台・青葉まつり協賛会　tel.022-223-8441

仙台・青葉まつりの
キャラクター
青葉すずのすけ

❶祭り最大の見どころ「山鉾巡行」 ❷躍動感ある「仙台すずめ踊り」 ❸「青葉すずのすけ」も参加　❹号砲がとどろく

新緑に輝く杜の都を華やかに彩る、春の一大祭り。江戸時代に始まった仙台藩最大の祭り「仙台祭」と、明治時代にできた青葉神社の例祭「青葉祭り」が起源で、たくさんの山鉾（やまぼこ）が練り歩く祭りとして親しまれてきた。伊達政宗没後350年を迎えた1985年、市民の祭り「仙台・青葉まつり」として復活。ケヤキ並木の新緑が美しい定禅寺通などを会場に毎年5月の第3日曜日とその前日の2日間にわたり開催され、現在では仙台3大祭りの一つとして、仙台市民はもとより、多くの人に愛される祭りとして定着している。

土曜日に開催される「宵まつり」では、会場を勾当台公園市民広場、定禅寺通に限定し、伝統芸能の仙台すずめ踊りが披露される。この踊りは1603年、仙台城が築城された時の宴席で、仙台城の石垣を造った石工たちが即興で踊ったものが始まりといわれる。旧石切町の石工により代々伝えられてきた。

日曜日の「本まつり」で例年行われる「時代絵巻巡行」は仙台山鉾の巡行を予定。山鉾は5月13日から中心商店街に展示し、祭りのムードを盛り上げる。

夏 8月6〜8日

仙台七夕まつり

仙台藩祖伊達政宗公の時代から約400年の歴史を誇る、仙台の夏の風物詩。毎年8月6日から8日の3日間開催される。期間中は国内外から200万人を超える多くの観光客が訪れ、「青森ねぶた祭」「秋田竿燈まつり」などとともに東北を代表する夏祭りのひとつとして知られている。

立ち並ぶ七夕飾りは市民や各商店街が毎年新たに制作し、その豪華さや美しさを競っている。どれも色彩豊かで、さらさらと音を立てながら風に揺れる光景が涼を感じさせる。

仙台七夕と言えば、折鶴（おりづる）や巾着などの「七つ飾り」と呼ばれる飾りが特徴で、それぞれに家内安全や商売繁盛などといった願いが込められている。七つ飾りがどこに飾られているか、探しながら商店街を歩くのも祭りの楽しみ方のひとつだ。

祭りのもう一つの見どころが前夜祭の「仙台七夕花火祭」。仙台の街並みを明るく照らす花火が、祭りの幕開けを告げる。夏の夜空に輝く大輪の花が広がるごとに笑顔があふれる。

会場／市内中心部商店街および周辺地域商店街
問／仙台七夕まつり協賛会　tel.022-265-8185
写真提供／仙台七夕まつり協賛会

仙台の街なかを彩る七夕飾り

PICK UP

仙台七夕まつりの「七つ飾り」

仙台七夕まつりに欠かせないのが七つ飾りと呼ばれる小物。どこに飾られているか探してみよう。

★短冊…学問や書道の上達
★紙衣…無病息災、裁縫の上達
★折鶴…家内安全と健康長寿
★巾着…商売繁盛
★投網…豊漁、豊作
★屑篭（くずかご）…清潔と倹約
★吹き流し…機織りや技芸の上達

迫力の仙台七夕花火祭

秋 9月9・10日

定禅寺ストリートジャズフェスティバル

音楽を身近に

多彩なジャンルが楽しめる

「杜の都」に心地よいメロディーが響く

「音楽は野外でやるもの」という考えの下、1991年に9カ所の屋外ステージで開かれたのが始まり。今では700以上のバンドが参加するビッグフェスティバルに成長した。

ステージは定禅寺通をはじめとした仙台の街角。ビルの入り口や公園、商店街などで、ジャズやロック、ワールドミュージック、ポップス、ゴスペルなどさまざまな音楽が披露される。参加団体はプロアマ問わず、県内外、さらには海外からの参加もあり、多彩な音楽の世界が楽しめるのが魅力だ。

フィナーレでは、参加ミュージシャンによる大セッションが行われ、音楽で会場が一つになる。

会場／勾当台公園市民広場 他
問／定禅寺ストリートジャズフェスティバル協会
tel.022-722-7382

秋 10月7・8日(予定) みちのくYOSAKOIまつり

躍動

華やぎの笑顔

最高の舞

「東北（みちのく）はひとつ」を合言葉に1998年に始まり、今では仙台の初秋の風物詩に。「鳴子を手に、地元の民謡の一部を織り交ぜた楽曲に合わせて踊る」という基本ルールの下、各団体がオリジナルの華麗な舞を披露。趣向を凝らした衣装も素晴らしく、注目だ。

例年、宮城県を中心に全国各地から150を超えるチームが参加。エネルギーあふれる演舞で観客を魅了する。

会場／勾当台公園市民広場 他
問／実行委員会　tel.022-268-2656
写真提供／みちのく YOSAKOI まつり実行委員会

夏 6月4日 第22回 とっておきの音楽祭2023

テーマソング「オハイエ」の大合唱

あふれる笑顔

障害のある人もない人も一緒に音楽を楽しみ、音楽の“チカラ”で「心のバリアフリー」を目指す音楽祭。例年300を超えるグループが商店街や公園、ビル前などで演奏や歌、ダンスを披露する。2001年に仙台で始まり、23年で第22回を迎える。これまで全国20カ所以上で開催されており、この趣旨の音楽祭では全国最大規模となっている。

会場／勾当台公園、元鍛冶丁公園、錦町公園、
　　　せんだいメディアテーク、一番町商店街など
問／とっておきの音楽祭実行委員会SENDAI
　　tel.022-342-9978

秋 9月29日～10月1日

仙台クラシックフェスティバル2023

「せんくら」の愛称で親しまれるクラシック音楽の祭典。国内外で活躍する演奏家や、仙台フィルハーモニー管弦楽団、仙台・宮城出身の演奏家、そして仙台国際音楽コンクール入賞者など豪華アーティストの演奏が楽しめる。1公演45～60分で、どこかで聴いたことのある曲ばかり。料金も低価格なので、クラシック初心者も楽しめる。文化施設の他、地下鉄駅には無料ステージが設けられる。

会場／日立システムズホール仙台 他
問／せんくら事務局
tel.022-727-1872

最終公演のステージ（2022年）

地下鉄駅構内でも演奏（2022年）

街が音楽で彩られる

まばゆい光の粒が心を癒やす

特設のスケートリンク

多数の出店でにぎわう

冬 12月上旬～

SENDAI 光のページェント

定禅寺通がまばゆい光の粒で彩られる冬の風物詩。ケヤキ並木に取り付けられた数十万球ものLEDが点灯すると、光のトンネルが出現。道行く人たちを笑顔にする。

イルミネーションを一旦消灯し、再点灯する「スターライト・ウインク」や、勾当台公園市民広場では特設スケートリンクやクリスマスマーケットなど、期間中は楽しいイベントが盛りだくさん。

開催期間に合わせ、観光シティループバス「るーぷる仙台『光のページェント号』」も例年特別運行されている。

会場／定禅寺通
問／実行委員会 tel.022-261-6515
写真提供／SENDAI光のページェント実行委員会

青葉区

仙台市の中央にあり、面積・人口ともに市内５区の中で最大。仙台城の雅称「青葉城」や青葉山に区名が由来する。ＪＲ仙台駅周辺を中心に商工業施設が立ち並び、中央通と東一番丁通にはアーケード街が形成されている。

00000観光課
tel.000-000-0000

青葉区民まつり

秋 11月3日

会場／勾当台公園 他
問／実行委員会（青葉区まちづくり推進課内）tel.022-225-7211

❶ステージイベントの最後を飾るすずめ踊りの総踊り　❷伝統の階子乗り　❸子ども向けの体験コーナー

毎年11月3日（文化の日）に開催し、勾当台公園市民広場をメイン会場としてにぎわう秋の恒例イベント。会場内には市内に店舗を構える店や人気のキッチンカーが出店し、各店自慢のグルメを堪能できる。ステージでは仙台市青葉消防団による伝統のはしご乗り、フラダンスやチアダンス、和太鼓演奏、バンド演奏など、個性的なステージ発表が披露される。フィナーレはすずめ踊りの総踊り。躍動的な舞で華やかにイベントを締めくくる。この他、クイズやゲーム、ジャグリング体験、消火器体験などができる子ども向け体験コーナーや、地域の団体などによる展示・PRコーナーなど、子どもから大人まで楽しめる催しが盛りだくさん。

青葉区民まつり
マスコットキャラクター
あおばくん

春 4月15・16日

東照宮御祭礼・春祭

東照宮は仙台藩2代藩主伊達忠宗が創建。江戸時代より続く東照宮のみこし渡御、東照宮御祭礼が今年5年ぶりに斎行される。みこし渡御は4月16日(日)11:00から。東北最大といわれるみこし渡御を含む行列の総人数は500名以上に及ぶ。春祭では東照宮神楽（市登録無形民俗文化財）が奉納され、参道には30ほどの露店が並ぶ。見頃を迎えた桜見物を兼ねた参拝者らでにぎわう。

会場／東照宮
問／東照宮社務所 tel.022-234-3247

東北最大規模のみこし渡御

秋 10月下旬（予定）

宮城地区まつり

地元で活動する団体や子どもたちによる演奏やダンスなどの多彩なステージ発表の他、家族や友達と楽しめる体験コーナーも充実。また、地元の農産品・特産品が勢ぞろいする出店は毎年好評だ。

▲にぎわうまつり会場

▶幼稚園の子どもたちによるステージ

会場／宮城総合支所前広場、
広瀬文化センター 他
問／実行委員会
（宮城総合支所まちづくり推進課）
tel.022-392-2111

春 4月7〜9日

カタクリお花見ウォークガイド

散策路に咲くかれんなカタクリの花

地下鉄東西線青葉山駅から徒歩15分、豊かな自然を満喫できる里山「青葉の森緑地」で実施。カタクリの花が咲き誇る散策路をレンジャーがガイドする。春の暖かな日差しの中、野鳥のさえずりを耳にしながら、カタクリの花を観賞できる。2023年はしおり作りなどのクラフトコーナーも予定している。変化に富んだ約10kmの散策路で、気軽な散歩から山登り気分まで楽しもう。

会場／青葉の森緑地
問／青葉の森緑地管理センター
tel.022-263-2101

春 夏 秋 冬 通年

「仙台の昔を伝える紙芝居」上演会

実行委員会が制作した手書きの紙芝居36作品を、地底の森ミュージアムなどさまざまな場所で上演。木製の舞台を使用し、拍子木や太鼓の音も響かせる昔ながらのスタイルで、演じる方のユーモアを交えながら次世代に伝えたい人物や歴史・民話などを題材に仙台の昔を伝える。実行委員会は、仙台開府400年を迎えた2002年に設立され、新しい紙芝居も作りながら活動を続けている。作品の無料貸し出しや販売も行っている。

会場／地底の森ミュージアム 他
問／実行委員会（青葉区まちづくり推進課内）
tel.022-225-7211

3年ぶりに開催の区民まつりに参加

地底の森ミュージアムでの上演

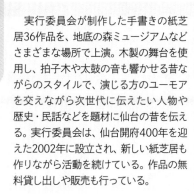

会場／原町本通り
問／実行委員会　tel.022-291-7766

宮城野区

区域は、新都心として開発が進む仙台駅東地区から、東北の国際物流拠点の仙台塩釜港にかけて広がる。古来歌枕として詠まれる「宮城野」が区名の由来だ。2013年に日本一に輝いた「東北楽天ゴールデンイーグルス」の本拠地がある。

春　4月16日

原町春まつりパレード

❶満開の桜をバックにすずめ踊りを演舞　❷威勢よくみこしが繰り出す　❸原町小学校にあった柿の木がモチーフの「カキノキマン」　❹力強い和太鼓演奏　❺子どもたちも大張り切り　❻かわいらしい子どもみこし

原町地区の春の風物詩。多くの参加者が原町本通りの約1キロをパレードする。

スタートは午後1時。地元中学校のブラスバンドを先頭に、子ども会のみこしとそれを引く子どもたちが、元気な声を響かせながら練り歩く。続くのは、区内の商工会や商店会などのメンバーによる大人みこし。各団体オリジナルの法被をまとった担ぎ手が、伝統みこしを担いで進む。個人の参加も呼び掛けているので、興味のある人は事前に問い合わせを。

パレードにはすずめ踊りグループも参加。色とりどりの扇子を揺らしながら軽やかに舞う。原町小学校にあった柿の木をモチーフにした「カキノキマン」など複数の着ぐるみも祭りを盛り上げる。この他、本通り沿いスーパーの駐車場では迫力満点の和太鼓演奏が繰り広げられる。

地区の観音様や神社の神様を祭る祭事としてスタート。「子どもたちの思い出づくり」につなげようと地区内の子ども会にも呼び掛けたことから、子どもみこしが参加するように。地区住民総出で盛り上げる。

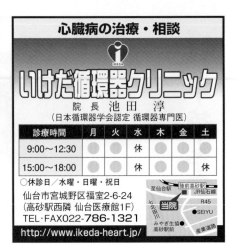

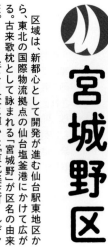

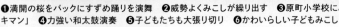

青空の下に続く桜並木

幻想的な夜桜ライトアップ

榴岡公園の美しいシダレザクラ

春　4月上旬～下旬
桜まつり

市内屈指のサクラの名所、榴岡公園が会場。約350本のソメイヨシノやシダレザクラなどが咲き広がり、花見客の目を楽しませる。期間中は露店が並ぶほか、「お花見すずめ」と銘打ったすずめ踊りの演舞もある。開花に合わせて、日没から午後9時ごろまでちょうちんが点灯する。

会場／榴岡公園
問／榴岡公園お花見協賛会
http://www.ohanami-sendai.net/

夏　7月29・30日
夏まつり 仙台すずめ踊り

仙台の郷土芸能・すずめ踊りの発祥400年を記念し、2003年に西公園で開かれた「発祥四百年記念 仙台すずめ踊り 夏の大会」がルーツ。翌年、会場を移し、現イベント名に改めた。見どころは、約200㍍の宮城野通・特設会場をいっぱいに使った「大流し」。約60団体の祭連（まづら）が次々とやって来て、扇子をひるがえしながら跳ね踊る。フィナーレには各祭連の踊り手や観客が入り乱れての総踊りが行われる。

会場／仙台駅東口・宮城野通
問／実行委員会
tel.022-267-1040

祭連が次々と登場

元気いっぱい跳ね踊る

約200㍍の宮城野通を進む「大流し」

若林区

伊達政宗が晩年を過ごすために現在の古城地区に造営したとされる「若林城」が区名の由来。城下町の面影が、南鍛冶町といった由緒ある町名に見て取れる。北部には、中央卸売市場を核に一大流通拠点を形成している卸町地区がある。

卸町ふれあい市

春 4月15・16日、
秋 10月14・15日

会場／仙台卸商センター産業見本市会館「サンフェスタ」 他
問／仙台卸商センター　tel.022-235-2161

❶毎回大勢の買い物客でにぎわう　❷卸問屋ならではの価格が好評
❸ずらりと並ぶ品物から選ぶ楽しさ　❹多くの屋台が集まるグルメ祭り　❺子どもに大人気のキッズパーク

「日本最大級の問屋街」卸町で開かれるイベント。サンフェスタを中心に、期間中は各問屋店舗も一般開放され、まち全体がイベント会場に。日用品や衣料品、生鮮食料品といった多彩な品が、卸問屋ならではの特別価格で販売される。

買い物だけでなく、ふれあいキッズパークやグルメ祭りなどのイベントも多彩に楽しめる。会場には無料駐車場もあるが、地下鉄東西線・卸町駅からのアクセスが便利。

卸町ふれあい市のそもそもの始まりは、1971年に従業員の福利厚生や在庫整理を目的に開かれた「出庫（デコ）市」。89年からは一般消費者まで対象を広げ、今では人気イベントとして市民らに定着している。

若林区民ふるさとまつり

秋
11月5日（予定）

パトカーの展示

弟子入り体験教室

若林区民の力が結集される秋祭り。区内で活動する団体や学生が歌やダンス、演奏などを披露し会場を盛り上げる。警察や消防などの車両がずらりと並ぶ「はたらく車大集合！」や伝統工芸の職人から手ほどきを受ける「弟子入り体験教室」など大人も子どもも楽しめる企画が盛りだくさん。地元のおいしい食品を扱うテントも多数出店し、若林区ならではの魅力を味わうことができる。

会場／若林区役所特設会場
問／実行委員会（若林区まちづくり推進課）
tel.022-282-1111

ライトアップ＆イルミネーション

春 夏
3月、8月（予定）

梅のライトアップ

ヒマワリのイルミネーション

春は「梅」のライトアップ、夏は「ひまわり」をテーマとしたイルミネーションで、2017年から開催している。どちらも昼間の花々からは想像ができないような幻想的な世界を演出する（入場有料）。

会場・問／せんだい農業園芸センター
みどりの杜
tel.022-288-0811

お薬師さんの手づくり市

春 夏 秋 冬
毎月8日

「手づくりのもので誰かとつながる」をキーワードに、陸奥国分寺薬師堂で「ご縁日」に当たる毎月8日に開かれている。パンやスイーツといった食品、雑貨など、作り手の思いがこもったたくさんの「手作り品」が販売される。

会場／陸奥国分寺薬師堂
問／実行委員会
E-mail
oyakushisan@gmail.com

◀多数の手作り品が並ぶ

▶毎月8日に開催

フラワー＆ピクニックフェス

春
5月上旬

ピクニックを楽しむ人々

見頃を迎える花壇

センター内の花壇が見頃を迎えるゴールデンウイーク期間中に開催され、自然と触れ合いながらピクニックや外遊びが楽しめる。ガーランドやテントで彩られた園内がピクニック気分を盛り上げる。期間中は花苗や園芸用品の販売、クイズラリーなどが企画される。

会場・問／せんだい農業園芸センター
みどりの杜
tel.022-288-0811
開園／9:00～17:00（11～2月は～16:00）
休／月曜日（祝日の場合は翌平日）

太白区

地域のシンボル「太白山」が区名の由来。埋蔵文化財が多いエリアで、富沢遺跡や郡山遺跡などがある。西部には奥州三名湯の一つ秋保温泉があり、温泉客や観光客でにぎわう。プロバスケットボールチーム「仙台89ERS」の本拠地がある。

夏 8月中旬(予定)

秋保温泉夏まつり

会場／秋保・里センター
問／実行委員会　tel.022-398-2251

❶祭りを盛り上げる「ほうねん座」の演奏　❷やぐらを囲んでの盆踊り
❸参加型の「せんこう花火大会」　❹夏の夜を楽しめる

仙台の奥座敷・秋保温泉は、伊達家の入湯場として守られてきた名湯。長野県の別所温泉、野沢温泉と並ぶ「日本三御湯」の一つに数えられる。この温泉地で開かれる「秋保温泉夏まつり」は、秋保地域の夏を代表するイベントだ。

オープニングとエンディングを盛り上げるのは、秋保を拠点に活動する民族歌舞団「ほうねん座」の舞台。迫力満点の太鼓演奏や獅子舞を披露する。

誰でも気軽に参加できるのが盆踊り大会。温泉街の活性化を目的に作られた秋保音頭が流れ、昔懐かしい雰囲気が漂う。このほか、趣向を凝らしたステージイベントやかき氷の早食い大会、抽選会などがある。花火大会も見逃せない。

会場には、地域の各ホテル、旅館、団体による焼きそばやたこ焼き、焼き鳥、射的などの出店が並ぶ。抽選会に参加できる抽選券が1枚付いた買い物チケットも販売される。

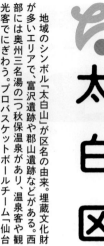

夏
6月24日（予定）

蛍と平家琵琶の夕べ

幻想的な音色が境内に響く

「坪沼祭りばやし」の演奏

ホタルの里・坪沼地区の恒例イベント。前田流平家琵琶の奏者が、神楽殿特設舞台で平曲を演奏。平曲は室町時代に全盛期を迎え、現在は仙台と東京にわずかに残る奏者が伝承に努めており、幻想的な音色は深く心に染み入る。他に、郷土芸能「坪沼祭りばやし」の演奏や地元野菜の産直販売もある。祭り終了後、希望者には神社周辺に生息するホタルの観察会を行う。

会場／坪沼八幡神社境内
問／仙台市生出市民センター tel.022-281-2040

秋
10月（予定）

太白区民まつり

地域で活動する各団体が、音楽など多彩なジャンルのパフォーマンスをステージで発表する。会場には、各種PRコーナーや飲食を楽しめるエリアもある。子どもたちが楽しめる趣向を凝らした催しも家族連れに人気だ。

会場／杜の広場公園およびその周辺
問／太白区まちづくり推進課
tel.022-247-1111

ステージでの演技

ミニ機関車の運行

夏
7月1・2日

そば打ち名人が自慢の腕を競う

地場産品の販売もある

仙台秋保 そばフェス2023

宮城のそば処・秋保在来そばの魅力と打ちたてそばが堪能できるイベント。「全麺協そば打ち段位認定会」「全日本そば打ち名人大会東北予選」も開かれ、それぞれ自慢の腕を競う。手打ちのそばを食べることができる他、地場産品やそば道具の販売・展示などもある。

会場／秋保市民センター
問／秋保総合支所総務課
tel.022-399-2111

伝統芸能「秋保の田植踊」

はしご乗りの実演

秋
10月下旬（予定）

まつりだ秋保

秋保の味覚や自然、伝統芸能を発信する催し。地元の野菜や特産品の販売をはじめ、秋保在来そばが味わえるコーナー、抽選会、はしご乗りの実演などがある。伝統芸能でユネスコ無形文化遺産に登録されている「秋保の田植踊」のステージでは、笛や太鼓に合わせて子どもたちが田植えの様子を表現する。

会場／秋保総合支所前広場
問／秋保総合支所総務課 tel.022-399-2111

泉区

区のシンボル泉ケ岳や東西に流れる七北田川など自然環境が豊か。泉中央地区には、「ベガルタ仙台」「マイナビ仙台レディース」の本拠地「ユアテックスタジアム仙台」がある。2016年には泉中央駅前に「おへそひろば」が設置され、新たなにぎわいを創出している。

ふるさとまつり
マスコットキャラクター
ナナッキー

泉区民ふるさとまつり

夏 8月下旬

会場／七北田公園
問／泉区民ふるさとまつり協賛会　tel.022-372-3545

❶市民が主役のステージ　❷出店も多数並ぶ　❸幻想的な灯籠の明かり　❹フィナーレを飾る花火大会

泉区の夏の風物詩で、会場の七北田公園は地下鉄南北線泉中央駅から徒歩5分とアクセスも良く、区内外からたくさんの人が訪れる。

さまざまなダンスや演奏、階子（はしご）乗り隊のパフォーマンスなどを披露するステージイベントは見応え十分。会場内では、ポニーひき馬体験やミニSL、アユのつかみ取り、灯籠づくりなど子どもが楽しめるイベントが盛りだくさん。泉警察署や泉消防署の車両展示も人気を集めている。

夕方には、灯籠が七北田公園の泉ケ池に展示され、数十基の温かな明かりが幻想的に暗闇を彩る。

まつりのフィナーレを飾るのは、4500発の花火大会。夏の夜空に色とりどりの大輪の花が咲き広がり、見る人を圧倒する。

泉区民文化祭

秋
11月上旬

例年秋に開催される芸術・文化の祭典。舞踏、バレエ、ダンス、音楽といった舞台発表や大学生の美術作品の展示を行う。好評のお茶席では、一席200円で各流派のお点前を楽しめる。泉区の次代の文化の担い手となる大学生も数多く参加し盛り上がる。

毎年好評のお茶席

華やかなステージイベント

会場／日立システムズホール仙台
（仙台市青年文化センター）
問／泉区文化協会（泉区まちづくり推進課）
tel.022-372-3111

泉かむりの里観光協会 根白石おもしろ市

春
夏
秋
冬
4月～12月

にぎわう会場の様子

大好評の地元泉区で取れた水神米や里山野菜

4月から12月の毎月第3土曜に開催される。近隣の農家や商店、作家が手作りの品物を野外で販売するマルシェ。新鮮な野菜やコメをはじめ、手作りの雑貨や菓子、庭掃除に欠かせない竹ぼうき、おしゃれなアクセサリーショップなど、毎月40～50店舗が出店中。季節ごとの場内イベントや毎月の抽選会も開催される。

会場／旧JA仙台根白石支店駐車場
問／泉かむりの里観光協会　tel. 022-379-3221

泉ケ岳悠・遊フェスティバル

秋
9月下旬～10月下旬

多彩なステージイベント

お祭りでおなじみの飲食物も販売

区名の由来にもなっている泉ケ岳を会場に、ふれあいと憩いの場として親しんでもらえるよう開催。歌や踊りなどのステージに加え、各種体験型のイベントなど楽しい催しが盛りだくさん。地元野菜や飲食物の販売もある。当日は無料運行のリフトで兎平まで登れば仙台平野を一望することもできる。

会場／オーエンス泉岳自然ふれあい館、
泉ケ岳スキー場周辺
問／泉区まちづくり推進協議会
（泉区まちづくり推進課）
tel.022-372-3111

泉マルシェ

秋
9月

泉中央ペデストリアンデッキを会場に、新鮮な食材、加工品、パンや菓子などの食品をはじめ、ガーデニング、雑貨、アンティーク、手作り品など約170ブースが出店。オペラやシャンソンなどの歌や音楽、躍動感あふれるパフォーマンスなどが披露されるアーティストゾーンも見どころ満載。

会場／泉中央駅前広場（泉中央ペデストリアンデッキ）
問／泉マルシェ実行委員会
https://www.izumimarche.com/index.html

約170ブースと圧巻の出店数

ペデストリアンデッキが多くの人でにぎわう

仙台牛

心に刻む 郷土の輝き

全国に誇る みやぎの銘柄肉

宮城県の畜産は県農業産出額の約4割を占める重要な産業となっている。肉用牛は飼養頭数が全国9位で、肉用子牛は優良な肥育素牛として県内のみならず関西方面からも買い付けに来る。県内で肥育された黒毛和種の多くは銘柄「仙台牛」として県内にとどまらず、首都圏からも高い評価を受けている。

また、豚の飼養頭数は全国16位となっており、しもふりレッドはジューシーでさっぱりとした味が、宮城野豚（ミヤギノポーク）は柔らかな肉質とこくが特徴。県内外で高い人気を誇っている。

代表的な銘柄肉

● 仙台牛

1974年に肉質の向上を図るため高品質の種牛「茂重波（しげしげなみ）」号を導入したところから始まる。その後スーパー種牛と称された「茂洋（しげひろ）」号が誕生し、仙台牛の銘柄向上に大きく貢献した。仙台牛は口当たりが良く柔らかで、脂肪と赤身の絶妙なバランスから生まれるまろやかな風味と豊かな肉汁が特徴。

● しもふりレッド

宮城県畜産試験場が、改良に8年を要したデュロック純粋種で、認定農家のみで育まれる銘柄豚。県内の年間豚生産量の約1%と希少価値が高く、霜降り状のサシ、豊富なオレイン酸、柔らかい肉質が特徴。

※デュロック純粋種…豚の品種の一つであるデュロック種100%の血統の豚。霜降りの良い肉質が特徴だが、繁殖性が劣り生産量の確保が難しい希少種

● 宮城野豚（ミヤギノポーク）

しもふりレッドと薬剤に頼らない豚肉生産を目指し造成された、ランドレース種系統豚「ミヤギノL2」を活用した母豚を交配させて誕生した三元交雑種（三元豚）。出荷前の2カ月間に飼料米を配合した飼料で育てた豚は「宮城野豚みのり」と呼ばれ、さらに柔らかい肉質ときめ細やかでこくと甘みのある味が特徴。

問／県畜産課 tel.022-211-2851

仙塩・仙北エリア

松島町…54・55
塩竈市…56・57
多賀城市…58・59
七ヶ浜町…60
利府町…61
富谷市…62・63
大和町…64
大郷町…65
大衡村…66

松島町

日本三景の一つで、南に開ける松島湾は島々が風光明媚（めいび）な景観をつくり、霊場として、また歌枕の地として古くから知られる。瑞巌寺などの歴史的建造物もあり多くの観光客が訪れる。水産業も盛んで「カキ」が名産。

松島町産業観光課
tel.022-354-5708

松島町キャラクター
どんぐり松ちゃん

円通院 紅葉ライトアップ

秋 10月下旬〜11月下旬（予定）

P.16・17に関連記事

会場／円通院
問／円通院 tel.022-354-3206

❶赤や黄に色づいたモミジやカエデが鮮やかに浮かび上がる
❷良縁を取り持つとされる円通院の縁結び観音　❸円通院で人気の数珠作り体験

松島の名刹（めいさつ）の一つ、円通院を舞台に、昼とは違った夜の風情を楽しめる。

円通院は、伊達政宗公の嫡孫で仙台藩主3代目を嘱望されながら、19歳で早世した光宗公の霊廟「三慧殿」とともに開山された。本堂の「大悲亭」は、光宗公の死を悼んだ父忠宗公が江戸から解体・移築したもの。縁結び観音への良縁祈願や数珠作り体験が、女性を中心に人気を呼んでいる臨済宗妙心寺派の禅寺だ。

ライトアップでは、境内にある枯れ山水庭園のモミジやカエデを鮮やかに照らすほか、石畳を手作りの灯籠で優しく彩ったり、杉林や岩窟を光のインスタレーションで飾ったりと、趣向を凝らした演出で魅了する。期間中は毎日、さまざまなジャンルの生演奏を楽しむことができる。

ハイライトは、院内を一巡した後に現れる「心字の池」のライトアップ。イロハモミジが水鏡となった池に映り込む光景は、この世のものとは思えない美しさだ。

月の松島in観瀾亭

秋

中秋の名月ごろ

松島湾を一望できる観瀾亭は、もともと豊臣秀吉の伏見桃山城の一棟を移築した建物と伝わる。「月見御殿」とも呼ばれ、伊達家代々の藩主がここからの月見を楽しんだ。県の有形文化財にも指定されている。中秋の名月の頃には、松島湾に浮かぶ月を愛（め）でながら、和菓子付きの抹茶が味わえる。

会場／観瀾亭・松島博物館
問／松島町産業観光課 tel.022-354-5708

夜の松島の風情を楽しむ

西行戻しの松公園の桜

春

4月中旬〜下旬

桜越しに松島湾を一望

高台にある西行戻しの松公園。西行法師が諸国行脚の折、松の下で出会った童子と禅問答をして敗れ、松島行きを諦めたことが由来とされる。園内には約260本の桜があり、例年4月中旬〜下旬に見頃を迎える。展望台からは桜越しに松島湾を一望でき、桜のピンクと松や島々の緑、青い海との美しいコントラストが楽しめる。

会場／西行戻しの松公園
問／松島町産業観光課 tel.022-354-5708

松島大漁かきまつりin磯島

秋

11月23日

松島のカキは、締まった身にうま味と香りが凝縮されているのが特長。まつりは例年11月23日の「牡蠣（かき）の日」に合わせて開かれ、新鮮なカキの特価販売や、カキ汁、殻付きカキ焼きの提供などが行われる。

会場／松島町磯崎字磯島地内
問／実行委員会（磯崎地区漁業組合）
tel.022-354-3230

松島産の新鮮なカキは格別

霊場・松島ならではの厳かな行事

荘厳な美しさに包まれる本堂の室中（孔雀の間）

瑞巌寺大施餓鬼会

夏

8月16日

瑞巌寺法縁の僧侶約50人によるお盆の法要で、約250年の伝統がある。午後7時、住職を先頭に僧侶が寺を出発し、松島海岸中央広場へ。厳粛な雰囲気の中、1時間に及ぶ読経が行われ経木塔婆をたき上げる。瑞巌寺は臨済宗妙心寺派の寺院で、伊達家の菩提（ぼだい）寺として知られる。

会場／松島海岸中央広場
問／瑞巌寺 tel.022-354-2023

松島ブランド

松島
Matsushima Premium
プレミアム

Pizzeria《ピッツェリア》 Pino《ピノ》 Isola《イゾラ》 VESTA《ウエスタ》
牡蠣のピッツァ

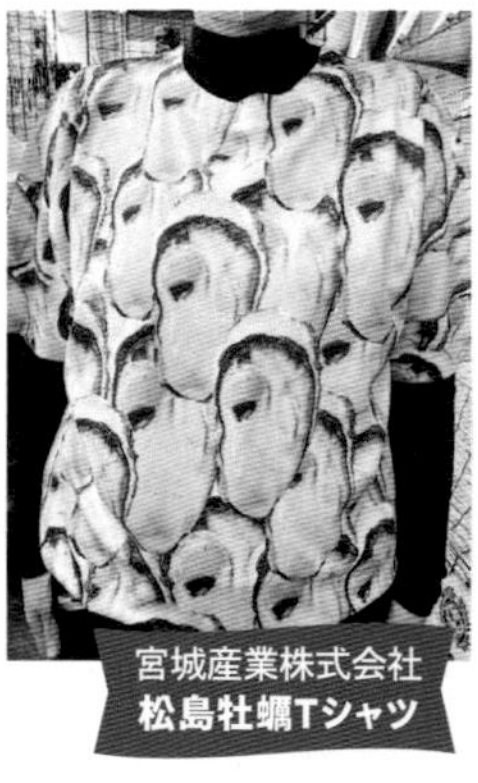

宮城産業株式会社
松島牡蠣Tシャツ

『松島ブランド』とは松島町の事業者または町民が生産、製造、提供した特産品や観光資源などの中で、松島ブランド推進委員会による厳正な審査を経て認定された品目です。松島町の本来の良さを活かしつつ、新たな魅力を盛り込んだ優位性の高いものだけが認定され、これまで特産品は食品や銘菓等21件、観光資源・観光プログラムは体験プログラム等11件が認定されています。

松島ブランド推進委員会（事務局：利府松島商工会）TEL022-354-3422

福浦橋 福浦島

252mの朱塗りの橋「福浦橋」は、素敵な出会いが訪れる「出会い橋」と言われています。

橋を渡るとその先には、県立自然公園「福浦島」があります。福浦島は、アカマツやスギ、モミなどの植物が自生。島内には弁天堂や見晴台、あずま屋などがあり、四季折々の草花や松島湾を眺めながら散策が楽しめます。

■通行料金／大人（高校生以上）:200円
子供（小中学生）:100円
■営業時間／8:30〜17:00（3月〜10月）
8:30〜16:30（11月〜2月）

松島町産業観光課 TEL022-354-5708

塩竈市

鹽竈神社の門前町。同神社の末社・御釜神社の神事を参考にした名物「藻塩」を使ったスイーツが市内各地で販売されている。生マグロの水揚げ高とかまぼこなど練り製品の生産量は日本屈指。すし激戦区としても知られる。

塩竈市観光案内所
tel.022-362-2525

塩竈市キャラクター
藻しお姫・まぐ介

夏 7月17日（海の日）

塩竈みなと祭

会場／鹽竈神社、マリンゲート塩釜など市内各所
問／塩竈市観光物産協会 tel.022-362-2525

❶迫力満点の「神輿還御」　❷陸上パレード「よしこの塩竈踊りコンテスト」　❸みこしを奉安した御座船

宮城県の夏祭りの中では最も早い、毎年海の日に開催されている。厳島神社（広島県）の「管絃祭」、貴船神社（神奈川県）の「貴船まつり」とともに「日本三大船祭り」に数えられる。

戦後間もない1948年、塩竈の産業復興と市民の元気回復を願って開かれたのが始まり。以来、ふるさと復興のシンボルとなり、東日本大震災で甚大な被害を受けた2011年も厳しい状況の中で開催され、多くの市民を勇気づけた。14年度には「ふるさとイベント大賞」で最高賞の内閣総理大臣賞を受賞した。

祭りでは、志波彦神社・鹽竈神社のみこしを奉安した2隻の御座船が約100隻もの御供船とともに、日本三景松島湾内を巡幸。七ヶ浜町の花渕浜や代ヶ崎浜、松島海岸、浦戸諸島などを巡る。海上渡御から戻った2基のみこしが鹽竈神社表坂202段の石段を上る「神輿還御」も迫力があり、沿道で見守る人たちの感動を呼ぶ。

塩竈市中心市街では、市内の小中学校や各種団体などが参加する「よしこの塩竈踊りコンテスト」を中心とした陸上パレードが行われ、縁日の屋台も並ぶ。

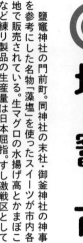

春 秋 4月・9月

しおがまさま神々の花灯り（4月）
しおがまさま神々の月灯り（9月）

「しおがまさま」と呼ばれ、県内有数のパワースポットである志波彦神社・鹽竈神社。神社境内と表参道が竹ろうそくとLEDキャンドルの幻想的な光に彩られる。月灯りでは舞殿では雅楽や琴も奏でられ、幽玄な世界を体験できる。

塩竈市内ではオリジナルグッズがもらえる酒蔵めぐりも同時開催予定。市内の酒造店や酒店を巡って自慢の地酒を楽しめる。

幻想的な「月灯り」

夜桜が美しい「花灯り」

会場／鹽竈神社、市内酒蔵・酒店　問／塩釜市青年四団体連絡協議会 tel.022-367-5111

秋 冬 2月・10月

塩竈の醍醐味

マグロ解体ショー

タイトル通り塩竈の秋・冬の美味と魅力を堪能できる人気のグルメイベント。職人が見事な手さばきを見せる「マグロの解体実演・即売会」は呼び物の一つ。地域の物産展や「松島湾ミニクルーズ」も行われる。

会場・問／マリンゲート塩釜
tel.022-361-1500

春 2月下旬〜3月上旬

塩竈deひなめぐり

市内商店が連携して各店の個性豊かなひな人形を展示し、塩竈の「まち」と「人」をつなぐ、まち巡りイベント。スイーツなどひなめぐりの限定メニューや限定グッズといった多彩なサービスも提供する。

会場／市内参加店
問／塩竈deひなめぐり実行委員会
（太田與八郎商店）tel.022-362-0035
（熊久商店）tel.022-362-0441

華やかなひな飾りを展示

さまざまな露店が多数並ぶ

大人気のミニ列車乗車体験

春 4月23日

しおがま
市民まつり

鹽竈神社の「花まつり」に合わせて毎年開催。JR本塩釜駅前通りを中心に子どもたちが遊べるチビッコ広場や露店も出店する。

会場／JR本塩釜駅前周辺
問／塩釜商工会議所青年部しおがま市民まつり実行委員会
tel.022-367-5111
（塩釜商工会議所内）

多賀城市

愛称は「史都多賀城」。日本遺産の構成文化財でもある特別史跡「多賀城跡」や日本三古碑「多賀城碑」、歌枕の地「末の松山」など史跡や文化財を有し、東北歴史博物館や2016年3月にオープンした市立図書館など文化施設が充実している。24年には創建1300年という記念すべき年を迎える。

多賀城市市民文化創造課
tel.022-368-1141
(内線249・254・255)

多賀城市観光協会キャラクター
たがもん

多賀城跡あやめまつり

夏 6月中旬～下旬

会場／多賀城跡あやめ園
問／実行委員会（多賀城市市民文化創造課）tel.022-368-1141（内線249・254・255）

❶淡い光に包まれるあやめ園　❷見頃を迎えた色とりどりのアヤメ　❸感染対策を徹底した会場

特別史跡「多賀城跡附寺跡」の一角にあるあやめ園で行われる人気のイベント。約2万1000平方メートルの敷地に植えられた約800種300万本ほどのアヤメ、ハナショウブが楽しめ、大勢の観光客らでにぎわう。

期間中はボランティアによる史跡ガイドなどが行われる。飲食物や地場産品を販売している「お祭リバザール」、折り紙・切り絵・押し花体験と古代体験学習コーナーは感染症対策を講じた上で開催する予定だ。

なお、あやめ園をライトアップするイベントは開催され、幻想的な雰囲気の中で優雅なひと時を過ごせる。

PICK UP

史跡案内

春 夏 秋 冬 通年

特別史跡「多賀城跡附寺跡」や重要文化財「多賀城碑」など、市内の史跡をボランティアガイドが無料で案内し、魅力を分かりやすく解説する。コースは希望や時間の都合に合わせて選べる（要予約）。

会場／市内各所
問／多賀城市観光協会 tel.022-364-5901

悠久の詩都《まち》あかり

冬
11月下旬～1月上旬

JR多賀城駅前に長さ約60㍍の光のトンネルが出現するイルミネーションイベント。市民団体が中心となり、募集したボランティアたちと協力しながら実施される。約4万5000球が織りなす青い光が冬の夜空を彩る。期間中は不定期で屋台が出店することもある。

会場／JR多賀城駅前公園
問／T・A・P多賀城（郷古）
tel.090-8786-4116

光の粒が冬の夜を彩る

史都多賀城 万葉まつり

秋
10月中旬

市民らによる「万葉行列」

万葉の時代にタイムスリップ

多賀城ゆかりの「万葉集」の編者、大伴家持をしのぶ市民手づくりのまつり。古代をイメージした衣装を身に着け、貴族や歌人に扮（ふん）した市民らが約1㌔を練り歩く「万葉行列」は時代絵巻さながら。ステージでは、雅楽に使われる笙（しょう）の演奏や万葉踊などが行われる。

会場／JR多賀城駅前公園 他
問／実行委員会（多賀城市生涯学習課）
tel.022-368-1141（内線541）

ザ・祭りin多賀城

夏
8月

盆踊りや縁日、ステージコンサート、YOSAKOI、花火大会など多彩な催しが行われ、大勢の家族連れらでにぎわう。「ふるさと創生」を推進していきたいという発想から生まれ、今では多賀城の夏の風物詩として定着した。

会場／陸上自衛隊多賀城駐屯地
問／多賀城市民夏祭り実行委員会
（多賀城・七ヶ浜商工会）
tel.022-365-7830

盆踊りは飛び入り参加大歓迎

多賀城ビアサミット

夏
7月中旬

夏空の下、大勢の来場者でにぎわう会場

JR多賀城駅前に設置される長さ約40㍍の超ロングテントで、ビールを飲みながら和気あいあいと楽しめる多賀城の夏の祭典。数種類のビールの飲み比べなど楽しみ方は十人十色。大人だけでなく子どもが楽しめるイベントも数多く、誰もが楽しめるイベントとなっている。

会場／JR多賀城駅前公園
問／T・A・P多賀城（郷古）
tel.090-8786-4116

七ヶ浜町

ノリ、ワタリガニ、ボッケといった海の幸の宝庫で、宮城を代表するマリンスポット。明治時代から続く外国人避暑地があり、県内有数の国際交流の歴史を誇る。

七ヶ浜町産業課水産商工係
tel.022-357-7443

夏 7月中旬～8月中旬（予定）
菖蒲田海水浴場オープン

菖蒲田海水浴場　問／一般社団法人七ヶ浜町観光協会　tel.022-766-8205
ながすか多目的広場 問／七ヶ浜町建設課　tel.022-357-7441

❶

❷

1888（明治21）年に東北で初めて、全国で3番目に開設された歴史のある海水浴場。仙台市内から近く、毎年大勢の海水浴客でにぎわう。海岸から松島湾の島々を見渡せるパラグライダーの遊覧飛行も体験できる。

また、海水浴場の背後地に「ながすか多目的広場」がオープン。ちびっこ広場や芝生広場、ハナモモ広場、遊歩道があり、幅広い世代で楽しめる。

❶県内外から海水浴客が来場し、にぎわう海水浴場
❷家族連れに人気の「ながすか多目的広場」

観光キャラクター
ぼっけのボーちゃん

春 5月3～5日
七ヶ浜国際村 インターナショナルデイズ

毎年、ゴールデンウイークに開催している「インターナショナルデイズ」。2023年は姉妹都市のアメリカ・マサチューセッツ州プリマスにスポットを当て4年ぶりに開催する。

期間中はプリマスの魅力を紹介する「プリマス展」のほか、アメリカ空軍太平洋音楽隊によるコンサートも予定している。

国際色豊かなステージ

会場・問／七ヶ浜国際村
tel.022-357-5931

春 4月1～23日
大木囲貝塚桜紀行

「大木囲貝塚遺跡公園」は、山桜を中心に江戸彼岸や霞桜など野生種の桜が200本以上植えられている桜の名所。

イベント期間中は、桜を紹介する見学会やワークショップなどの開催を予定している。

貝塚の奥にある江戸彼岸の一本桜「だいぎ桜」は必見

会場／大木囲貝塚遺跡公園、
七ヶ浜町歴史資料館
問／七ヶ浜町歴史資料館
tel.022-365-5567

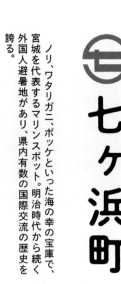

利府町

仙台のベッドタウン。新幹線総合車両センターや県民の森、宮城県総合運動公園（グランディ・21）などの施設があり、松島湾に面する東部には「馬の背」といった景勝地が点在。特産品「利府梨」を使った焼肉のたれや菓子なども人気だ。

利府町商工観光課
tel.022-767-2120

利府町公式キャラクター
十符の里の妖精
リーフちゃん

利府梨販売会

秋 10月上旬（予定）

会場／イオン新利府北館（予定）
問／利府町観光協会 tel.022-356-3678

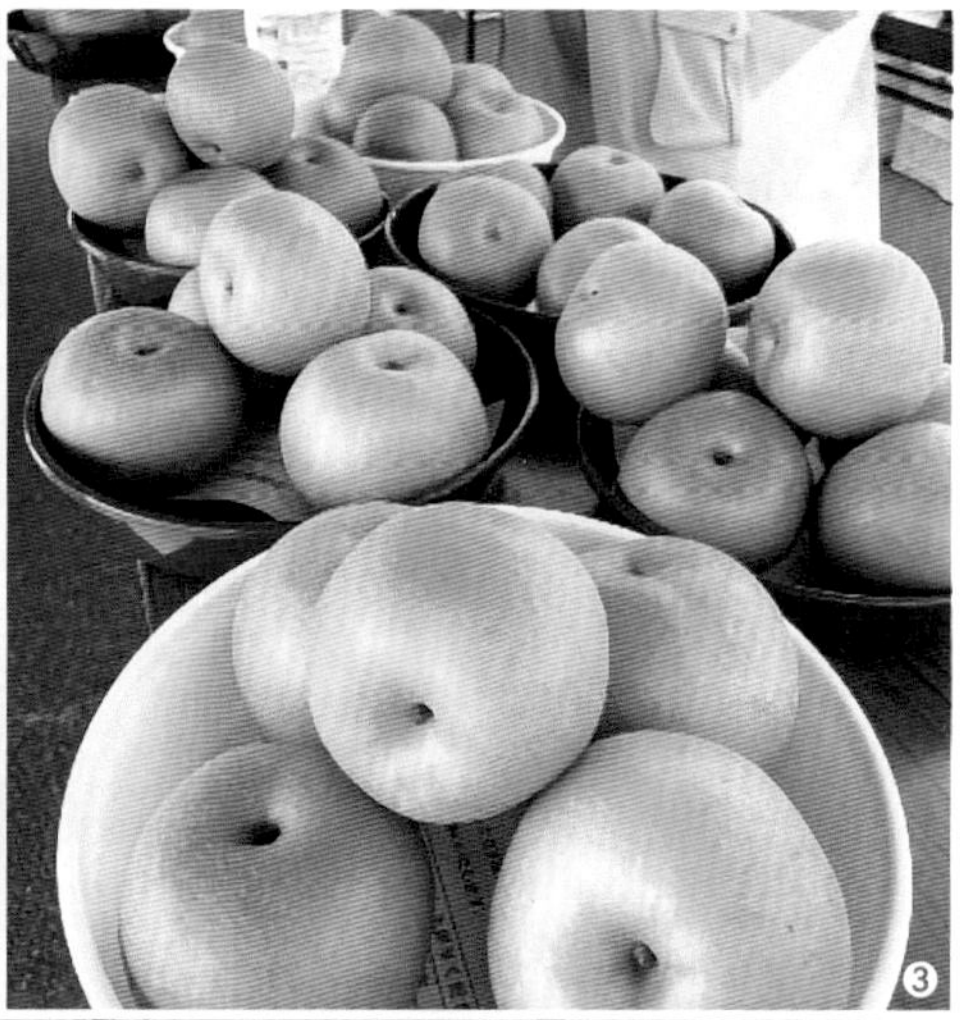

❶さまざまな品種の梨を販売　❷十符の里の妖精リーフちゃんも登場　❸ジューシーな利府梨が盛りだくさん　❹梨販売のほか、地場産品が購入可能

利府の特産品は、明治期からの栽培の歴史を誇る「利府梨」。

2023年も町内の生産者が丹精込めて育てた豊潤な梨を販売する予定だ。

ALL RIFU 産業祭

秋 10月上旬（予定）

会場／利府町文化交流センター「リフノス」
問／利府町商工観光課 tel.022-767-2120

利府町の多様な産業を広くPRするとともに、町の地場産品の販売などを行い、「オール利府町」のイベントとして開催する。フィナーレには、利府音頭や利府祭人踊り、秋の夜空を彩る花火を打ち上げる予定。

❶開会式にはたくさんのゆるキャラが登場　❷会場内にもさまざまなブースがあり大盛況　❸会場の外には充実した飲食ブースも　❹利府町ゆかりの出演者によるステージパフォーマンス　❺フィナーレには会場にいる全員で利府祭人踊り

富谷市

2016年10月10日に単独市制を施行した。「住みたくなるまち日本一」の実現に向けて、オール富谷でのまちづくりを展開する。ブルーベリーに続く特産品の開発などにも取り組む。宮城県最古の造り酒蔵「内ヶ崎酒造店」など銘酒の地でもある。

富谷市産業観光課
tel.022-358-0524

富谷市公式キャラクター
ブルベリッ娘とブルピヨ

秋 9月24日
富谷宿『街道まつり』

会場／しんまち通り
問／富谷市産業観光課 tel.022-358-0524

❶コスプレコンテストやステージ発表　❷「富谷宿観光交流ステーション（愛称とみやど）」外観
❸ちんどん屋がしんまち通りをにぎやかに練り歩く　❹雀踊り

江戸時代、奥州街道の宿場町として栄え、開宿400年の歴史を持つ「富谷宿」。富谷発展の原点であるしんまち地区を会場に「富谷宿『街道まつり』」を開催する。しんまち通りを中心に、出店や市民によるステージイベント、インターネット配信などを行い、富谷の魅力を広く発信する。

また、2021年5月に、しんまち通りで栄えていた旧内ヶ崎醤油屋跡地に「富谷宿観光交流ステーション（愛称とみやど）」がオープンした。醤油店に生まれ、日本の近代化に貢献した内ヶ崎作三郎の功績をたどる「内ヶ崎作三郎記念館」をはじめ、飲食店・物販・陶芸教室などがあり、新たな人の行き来となりわいを生む「現代の富谷宿」として、市民が集う場のみならず、新たな「まち開き」を進める拠点となる。各種イベントも開催。

歴史の面影を受け継ぎながらも、未来を目指して発展し続けているしんまち通りに足を運んでみては。

おもしぇがらきてけさin富谷

夏
8月中旬

　祭りのタイトルの「おもしぇがらきてけさいん」は、「おもしろいから来てみてね」を方言で話した言葉。その名称通り、ステージイベント・出店コーナー・大抽選会など子どもから大人まで楽しめるイベントが盛りだくさん。祭りの最後には富谷市の夜空を彩る「納涼花火大会」で締めくくられる。

会場／しんまち公園駐車場
問／くろかわ商工会富谷事務所 tel.022-358-2205

吹奏楽演奏など多彩なステージイベント

とみやマーチングフェスティバル

秋
11月25日

　「音楽のまち とみや」を体現した年に1度の音楽の祭典とみやマーチングフェスティバル。市内小学校金管バンドをはじめ、2022年に開催された第50回マーチングバンド全国大会に出場した「とみやマーチングエコーズ」などが参加し、さまざまな思いを込めた演奏・演技が披露される。
※感染症や災害、施設などの状況によっては開催中止や開催方法の変更もある

会場／富谷スポーツセンター
問／とみやマーチングフェスティバル実行委員会事務局
（富谷市生涯学習課内） tel.022-358-5400

とみやスイーツフェア

秋
10月上旬～中旬（予定）

夏
7月上旬～中旬（予定）

　富谷市には、特産品として知られるブルーベリーをはじめ、シャインマスカット、イチジク、ハチミツといった、スイーツに合う食材がそろう。

　それらの食材の旬に合わせ、富谷市では、夏に「とみやブルーベリースイーツフェア」、秋には「秋のとみやスイーツフェア」を開催している。夏は富谷自慢のブルーベリー、秋はそれに加えシャインマスカット、イチジク、ハチミツを使用した、市内参加店オリジナルのスイーツを販売する、「スイーツのまち＝とみや」ならではのイベントとなっている。

　お店を回りながら、同時開催のスタンプラリーを楽しむことができるのも魅力の一つ。

とみやブルーベリースイーツフェア

秋のとみやスイーツフェア

会場／市内参加協力店
問／富谷市産業観光課
tel.022-358-0524

大和町

民謡「お立ち酒」発祥の地。七ツ森や船形山など大自然で育ったマイタケ、「伊達いわな」が名物。「原阿佐緒記念館」「宮床宝蔵」といった歴史スポット、吉岡八幡神社「輪くぐり」、船形山神社「梵天ばやい」といった古式ゆかしい祭りも残る。

大和町商工観光課
tel.022-345-1184

大和町イメージキャラクター
アサヒナサブロー

冬 12月14日

島田飴《あめ》まつり

会場／吉岡八幡神社
問／島田飴まつり伝承会（くろかわ商工会大和事務所） tel.022-345-3106

❶あでやかな花嫁道中行列 ❷花嫁の高島田のまげをかたどった「島田飴」

吉岡八幡神社恒例の冬の神事で、毎年12月14日に開催。この日のために作られる縁結び御利益の縁起物「島田飴」を求め、良縁を願う参拝者が全国から訪れる。

まげをかたどった島田飴は、この日しか販売されない限定品で、毎年長蛇の列ができるほど人気。飴を買って参拝すると、翌年には良縁に恵まれるといわれている。

当日は島田飴を奉納する「花嫁道中行列」が町内を練り歩き、その華やかな様子が沿道に詰め掛けた観光客を魅了する。

秋 11月上旬

たいわ産業まつり「大和の秋の味覚祭」

大和町の地場産品が勢ぞろいする秋の味覚イベント。旬の野菜・キノコ・牛肉・新米等販売、原木シイタケの植菌体験、豆皿の絵付け体験、苗木のプレゼント、銘柄当てゲームなど、町内の農林業、商業産品を集めて、大和町の産業をPRする。同時に「大和商工まつり」も開催。

来場者への苗木のプレゼント

会場／まほろばホール南側広場
問／実行委員会（大和町農林振興課） tel.022-345-1119

夏 8月上旬

まほろば夏まつり

ゲストによる芸能ショーをはじめ、民俗芸能、地元小学校の児童による和太鼓、神楽、踊りの他、文化団体の発表などが繰り広げられる。「ちびっこ遊具・縁日」や木工教室、白バイ・消防車の試乗展示、地域企業紹介や黒川高校の生徒による物づくり体験コーナーも登場。

夏の夜空を彩る「まほろば夢花火」

迫力のある演奏で観客を魅了

会場／まほろばホール
問／実行委員会（大和町商工観光課） tel.022-345-1184

大郷町

慶長遣欧使節、支倉常長の終焉（しゅうえん）の地とされ、「郷郷ランド」には、サンファン・バウティスタ号をイメージした船型の大型遊具がある。「モロヘイヤ」が特産品で「道の駅おおさと」では、加工品やモロヘイヤソフトクリームが人気。

大郷町農政商工課
tel.022-359-5503

大郷町観光PRキャラクター
常のモロ

秋 10月 おおさと秋まつり

会場／町内特設会場
問／大郷町社会教育課 tel.022-359-2982

日差しも柔らかくなり、体を動かすのにも最適になってくる時期に行われるイベント。ふれあいフェスティバルの部では、地場産品が当たる抽選会やゲーム、体験コーナーが出店され、大人も子どもも幅広く楽しめる。スポーツフェスティバルの部では、町内外からも人が集まり、多くの人でにぎわう。※開催時期や実施内容は変更になる場合がある

❶キックターゲット　❷スリッパ飛ばし
❸抽選会

秋 11月 道の駅おおさと周年祭

買い物をした方が対象の大抽選会や、旬の野菜や卵の詰め放題などが行われ、店舗前では大郷産仙台牛の販売、大郷産大豆で造ったみそ「お豆の気持ち」のすくい取り、常のモロふれあいコーナーなどさまざまなブースが設けられ、県内各地から多くの人が訪れる。

常のモロじゃんけん

大郷産みそすくい取り

野菜福袋

会場／道の駅おおさと
問／道の駅おおさと tel.022-359-2675

夏 7月上旬 夏の風物詩「ホタル」

闇夜に浮かぶ淡い光

大郷町川内地区ではゲンジボタルとヘイケボタル、ヒメボタルの3種が大乱舞。幻想的な光景を見に毎年多くの人が訪れ、大郷町夏の風物詩となっている。

問／大郷町農政商工課
tel.022-359-5503

会場／万葉クリエートパーク
問／大衡村産業振興課 tel.022-341-8514

おおひら万葉まつり

夏 8月19日

❶

❷

多種多様なステージイベントや、村内外で活躍する文化団体による発表や伝統芸能である「万葉おどり」など、地域に根差した大衡村ならではの夏まつり。真夏の夜空に打ち上がる花火の迫力を間近で体感できるのは、ここだけ!?

子どもからお年寄りまで、ひと夏の思い出になる夏まつりだ。

❶村の伝統芸能「万葉おどり」を披露
❷夏の夜空を彩る打ち上げ花火

大衡村

宮城県のほぼ真ん中に位置する県内唯一の村。大きなそり滑り台などで有名な「万葉クリエートパーク」、キャンプ客であふれかえる「達居森と湖畔自然公園」など、自然を楽しめるスポットが人気。特産品は村内産ひとめぼれを使用したせんべい「村じまん」、地酒の「万葉美人」など。

大衡村産業振興課
tel.022-341-8514

大衡村PR大使
ひら麻呂

おおひらふるさとまつり

秋 10月22日

村の収穫を祝うため開催される秋まつり。村文化協会の発表や「万葉おどり」など、伝統文化に触れながら、地元で取れた新鮮野菜や新米などに加えて、和牛肉の販売など「芸術」「食欲」の秋を堪能できる。

大衡村の豊かな自然を感じられる秋まつりだ。

会場を埋め尽くす来場者

会場／大衡村役場駐車場 他
問／大衡村産業振興課 tel.022-341-8514

山ゆりまつり

P.8に関連記事

夏 7月中旬～下旬

「昭和万葉の森」は万葉植物を中心に自生・植栽した全国有数の森林公園。赤松林の下には大輪のヤマユリが群生し、例年7月上旬に咲き始める。甘い香りに包まれながら初夏の園内を散策でき、多くの見物客でにぎわう。

会場／昭和万葉の森
問／昭和万葉の森管理事務所
tel.022-345-4623

初夏を彩るヤマユリ

沿岸
エリア

石 巻 市 … 68～71

東松島市 … 72・73

気仙沼市 … 74～76

南三陸町 … 77

女 川 町 … 78

石巻市

明治時代から漁業で栄え、近年は「萬画の国」の街づくりを推進。JR石巻駅から「石ノ森萬画館」までの道には石ノ森章太郎が生んだキャラクターのモニュメントが並ぶ。水産業も徐々に回復し水産・観光都市として再び歩み出している。

石巻市観光課 tel.0225-95-1111

石巻市観光PRキャラクター
いしぴょんず
いしぴょん・いしぴぃ

夏 8月上旬
石巻川開き祭り

❶会場が一体となる「大漁踊り」 ❷にぎわう街の様子 ❸熱戦が繰り広げられる「孫兵衛船競漕」
❹県内有数の規模を誇る花火大会

旧北上川の河口に位置し、港町として発展を遂げた石巻市を代表する毎年恒例の祭り。東日本大震災後は規模を縮小しての開催が続いている。それでも川面を鮮やかに照らす花火の美しさは変わらず、祭りは活気を取り戻している。市中心部で繰り広げられる陸上パレードも、小学生の鼓笛隊やみこしなどが力強く練り歩き、復興へ向けた熱意がみなぎる。

会場／石巻市内各所
【アクセス】JR石巻駅から徒歩約15分
三陸自動車道石巻河南IC
から車で約10分
問／石巻川開祭実行委員会
tel.0225-22-0145
http://www.ishinomakikawabiraki.jp/index.html

祭りの歴史

人気の花火

仙台藩主伊達政宗公の命を受け北上川の改修工事を行い、石巻発展の礎を築いた川村孫兵衛重吉翁への報恩感謝を込めて始められた由緒あるお祭りで、1916（大正5）年から開催され今回で100回目を迎える。

祭りは川村孫兵衛翁報恩供養祭、川施餓鬼供養祭、東日本大震災供養祭を皮切りに陸上での各種パレード、水上では孫兵衛船競漕、夜は花火を打ち上げ、終日にぎわいを見せる一大イベントだ。

一皇子宮神輿

エイサー石巻

流燈

陸上イベントの主会場は、当日歩行者天国になる立町大通りとアイトピア通り。地元小学生の鼓笛隊パレードをはじめ、中学生の吹奏楽演奏、「縄張神社みこし」の巡行、はねこ踊りの披露などで盛り上がる。

港町ならではの大漁踊りにも注目。地元の団体や企業などが、おそろいの浴衣や法被に身を包んで踊り歩く。個人や飛び入りでの参加も大歓迎。徐々に踊り手が増え、会場は一体感に包まれる。

夜は花火大会。スターマインなど迫力満点の大輪が夜空を彩る。

2014年からは震災後縮小していた、北上川を舞台に行われる「孫兵衛船競漕」が完全復活。12人が1チームとなり、全長10㍍の船をこいで速さを競う。水上で繰り広げられる熱い戦いに注目したい。

祭りの歴史

石巻川開き祭り　100年の歴史

1916年　川開きの記念すべき1回目は、町の繁栄に役立てようと経済協会を中心に「石巻川開祭協賛会」が結成され、北上川を改修して石巻の港を開いた川村孫兵衛重吉翁に対する報恩感謝祭として行われた。また、石巻の各地域で開催されていた「川施餓鬼」を統一し、住吉公園を会場に実施。他の行事としては、花火大会、流灯などが行われた。

17年　8月の第1日曜を開催日と決める。行事内容は、花火大会（打ち上げ花火・仕掛け花火）と水上行事（ボート・水泳競争）。

18年　米騒動のため中断。

46年　戦時により中断されていた川開き祭りが復活。予算総額2万5000円で実施され、ボート、野球、卓球、仮装大会などの事業内容で再開。

49年　花火大会で十数年ぶりに尺玉を打ち上げ。その他、ボートレースやタライ競漕、遠泳、大漁唄い込み。賞金付き灯ろう流しなどを実施。

50年　行事を一般市民から募集する（賞金付き）。陸上行事では仮装行列、七夕祭り、動物景品付き納涼市、山車、競輪、芸妓手踊り、のど自慢、水上行事では懸賞屋形船、タライ競漕、水上大山車などが開催された。1950年代には予算が100万円を超える。子供みこしも初登場。交通規制は車両だけでなく馬車も対象となった。

55年　予算は160万。「ミス川開き」に59人が応募。次年度より共催行事へ。

60年　チリ地震津波で大きな被害を受ける。予算も前年を下回り実施される。芸能人パレードを実施。航空自衛隊松島基地からF86ジェット機、T33練習機の編隊飛行が行われた。

62年　本年度から開催日を8月1日、2日に固定。

63年　市制施行30周年・川開き祭り40周年。予算規模は550万。陸上パレードで行進曲「栄えよ石巻」を披露。

69年　予算が1000万円を突破。大雨により開催日が9・10日に延期となる。

70年　ミス川開き・芸能人パレードが中止。

73年　市制施行40周年、大漁踊りが採用され500人が参加。

74年　石巻新漁港が開港。花火大会を漁港で実施。

75年　花火大会が開北橋下流:水明町に移転。孫兵衛船競漕が採用。

76年　北上川開港350年を記念し5年ぶりに七夕と仕掛け花火が復活。

78年　宮城県沖地震の影響で中止。石巻青年会議所により陸上部門だけの祭りを実施。

83年　ミス川開きが復活。

86年　第1回大漁唄い込み全国大会が開催される。

87年　ザ・石巻パフォーマンスが初登場し奇抜な踊りで市民を圧倒。綱引き大会が実施される。

89年　20年ぶりに花火大会が順延。市民郷花火が登場。

90年　宮城インターハイが開催され、石巻市は剣道競技の会場となる。

92年　孫兵衛船競漕に86チーム、大漁踊りに63団体、3700人参加。人出は52万人。

93年　川開き祭り70回、市制施行60周年。特別事業として「音と光の競演・イブ・フェスティバル」を開催。「S・E・N・S」の作曲による石巻市のイメージソングを披露。ミニ孫兵衛船レースを開始。花火大会では70回記念超大型特別仕掛け、スーパージャンボスターマインの打ち上げや全国花火特別競技大会等を実施。

97年　陸上行事ではAQUA DANCE登場。水上行事では孫兵衛船競漕の他、パワーボード・海のF1模擬レースを実施。花火大会では名人花火師・芸術スターマインなどが打ち上げられる。

98年　陸上行事では大漁踊りが創作大漁踊り部門と正調大漁踊り部門に分かれて実施。花火大会では日本名人花火師競演や尺玉が復活し打ち上げられた。

99年　本年度から市民総参加の祭りとすべく8月第1土・日曜を開催日とする。

2000年　陸上行事では大漁YOSAKOI踊りやアクアカーニアバル2000を実施。花火大会では新作創造花火やミレニアム花火の打ち上げ。

02年　川開き祭り80回、市制施行70周年。陸上行事ではJR石巻駅前の駅前カープラザをお祭り広場として開放。花火大会では記念花火として8号玉80連発と水中スターマイン（大玉）の同時打ち上げなどを実施。

05年　4月に1市6町が合併。新石巻市が誕生。

06年　8月第1週の土・日曜開催から1日・2日開催に変更。ブルーインパルス展示飛行と縄張神社奉納「大綱引大会」を実施。

08年　花火大会でペアシート席を新設。

10年　南境トンネルが開通。花火会場のアクセスが良くなる。花火大会で階段堤防席を新設。

11年　東日本大震災により規模を大幅に縮小し8月1日のみ開催。

12年　大漁踊り復活。

13年　孫兵衛船競漕復活。

夏 8月27日 第18回 トリコローレ音楽祭

多彩な音楽が街に響く

演奏者と聴衆の交流の場をつくり、音楽のパワーで街中を明るく、元気にすることを目的に2004年にスタート。市中心部の広場や街角などで、ロックやジャズ、ポップス、クラシックなど多彩なジャンルの演奏が披露される。

会場／石巻市内各所
問／実行委員会（事務局：街づくりまんぼう）
tel.0225-23-2109

水産加工品が勢ぞろい

大盛り上がりの「鮮魚せり」

秋 10月第3日曜 いしのまき 大漁まつり

水産都市・石巻ならではの祭りで、石巻魚市場を会場に開かれている。祭りでは豊富な水産加工品が謝恩価格で販売されるほか、市場の買受人気分を味わえる「鮮魚せり」が行われる。マグロの解体ショーやステージイベントもあり、家族連れでにぎわう。

会場／石巻魚市場
問／実行委員会（石巻市水産課）
tel.0225-95-1111

秋 9月中旬 ものうふれあい祭 はねこ踊りフェスティバルin桃生

祭りの目玉は、県指定無形民俗文化財にも登録されている「寺崎のはねこ踊」。桃生地区に古くから伝わる豊年踊りで、祭りのメインイベント「はねこ踊りパレード」には、扇子を手にした大勢の踊り手が参加し、ダイナミックに乱舞する。

はねこ踊りパレード

会場／桃生植立山公園
問／実行委員会（石巻市桃生総合支所地域振興課）
tel.0225-76-2111

夏 8月中旬 牡鹿鯨まつり

捕鯨の町として知られた旧牡鹿町で、海難物故者の慰霊・鯨霊供養のため1953年に始まった祭り。2022年からは震災前と同じ「捕鯨船前広場」を会場に開催している。鯨肉の炭火焼き無料試食会をはじめ、地元中学生の「侍ソーラン」や小学生の「銀鱗（ぎんりん）太鼓」の披露、七福神舞や歌謡ショーなどもある。夜には大迫力の花火が打ち上げる。

▲会場の様子

▼毎回好評の鯨肉の炭火焼き無料試食会

会場／捕鯨船前広場
（ホエールタウンおしか内）
問／実行委員会
（一般社団法人石巻観光協会）
tel.0225-93-6448

東松島市

松島四大観の一つ「大高森」から眺める松島湾や、遊覧船で巡る「嵯峨渓」の光景など、豊かな自然を楽しめ、漁業体験や縄文体験などもできる。カキやノリの養殖が盛んで、「焼きガキ」や「のりうどん」といったご当地グルメが人気。

東松島市商工観光課
tel.0225-82-1111

東松島市キャラクター
イート&イ～ナ

東松島夏まつり

夏 8月26日

会場／JR矢本駅周辺、矢本地区商店街通り
問／東松島市商工会 tel.0225-82-2088

❶郷土芸能を披露　❷花火も打ち上がる
❸ダイナミックなアクロバット飛行を繰り広げるブルーインパルス

東松島市民が一丸となってつくり上げる夏祭り。矢本地区の商店街通りが歩行者天国になり、市中心部でさまざまなイベントが繰り広げられる。

航空自衛隊松島基地に所属する「ブルーインパルス」のアクロバット飛行は航空ファンならずとも必見。猛スピードで空を飛び、機体を360度回転させたり、青空をキャンバスにスモークで模様を描いたり、華麗な技を披露する。地上ではブルーインパルスの機体を模したバイクのアクロバットチーム「ブルーインパルスジュニア」による演技走行も行われる。

「八鷹神輿（やつたかみこし）」の巡行は、重さが約800キロもあるみこしを数十人で担ぎ、街を練り歩く。「どっこい！」「そーりゃ！」の掛け声が勇ましい。担ぎ手は高校生以上なら誰でも参加可能。毎年、祭りの開催が近くなると募集が始まる。

この他、鼓笛隊パレードやステージイベント、多数の露店など、子どもも大人も楽しめる催しが盛りだくさんだ。

※内容は変更となる場合がある

秋 11月5日
奥松島縄文村まつり

イベントを楽しむ来場者

縄文人の暮らしと知恵を紹介する「奥松島縄文村」の秋祭り。当時の道具を使っての「縄文カキ剥（む）き競争」や「火おこし競争」「縄文ものづくり体験」「縄文鍋の試食」など盛りだくさんだ。貝塚を巡るガイドツアーやギャラリートークもある。石でできたおのを使って丸太を削る「縄文の丸木舟作り」も登場する。当日は入館・体験無料(一部企画を除く）。
※内容は変更となる場合がある

会場／奥松島縄文村
問／奥松島縄文村歴史資料館 tel.0225-88-3927

2023年は未定
とっておきの音楽祭 in東まつしま

定期開催中の「音を楽しむカフェ」

障がいのある人もない人も一緒に音楽を楽しみ、心のバリアフリーを目指す音楽祭。2019年からは、毎月第4土曜日に「音を楽しむカフェ」も開催している。地域で暮らす人々と、障がいのある人や子どもたち、高齢者が「音」を通じて互いに支え合える社会をつくることを目的にスタートした。

会場／未定
問／とっておきの音楽祭in東まつしま
実行委員会事務局（本田）tel.080-1852-2336

夏 8月16日
東松島市 鳴瀬流灯花火大会

光の花が川面を彩る

100年以上の伝統を誇る花火大会。地域住民の手づくりで行われ、会場全体に和やかな雰囲気が漂う。約1000発の色とりどりの花火が鳴瀬川上空に打ち上げられ、灯籠が流れる川面を美しく照らす。鳴瀬川左岸鳴瀬大橋上流一帯の河川敷に設けられるステージでは、演芸大会などの楽しい催しを実施。周辺には露店も立ち並ぶ。

会場／鳴瀬川左岸鳴瀬大橋上流一帯の河川敷
問／東松島市商工会鳴瀬支所
tel.0225-87-2026

秋 11月12日
東松島市産業祭

東松島市の農業、水産業、商工業が一堂に会する一大イベント。農水産物や特産品、市内事業者による販売のほか、市内で生産された農産物の展示品評会、商工業製品の展示会、蒸しカキの振舞い等が催される。会場内では「ひがしまつしま食べメッセ」も同時開催。

販売テントがずらりと並ぶ

会場／矢本東市民センター、大曲地区体育館、東矢本中央公園
問／東松島市産業部事項委員会（東松島市農林水産課内）tel.0225-82-1111

春 4月9日
滝山桜まつり

満開の桜の上を飛行する
ブルーインパルス

市内随一の桜の名所として知られる滝山公園。園内には約600本の桜が植えられていて、4月中旬からはソメイヨシノ、4月下旬からはヤエザクラが見頃となり、比較的長い期間、花見が楽しめる。4月9日には、3年ぶりに「滝山桜まつり」が開催され、キッチンカーの出店や、市内特産品である「いちご」の振舞いも行われる。

仙台湾や石巻方面を見渡せる眺望の良さが自慢の滝山公園

会場／滝山公園
問／東松島観光物産公社
tel.0225-86-1511

気仙沼市

県北東端に位置し三陸復興国立公園と海域公園、県立自然公園に指定されている。2013年、八戸市から気仙沼市までの三陸沿岸が「三陸ジオパーク」として認定された。「スローフード都市宣言」をし、食を生かした街づくりも推進。

気仙沼市観光課
tel.0226-22-6600

夏 8月

気仙沼みなとまつり

気仙沼市観光キャラクター
「海の子 ホヤぼーや」

❶大迫力の海上うんづらと打ち囃子大競演　❷交流のシンボルとして行われているインドネシアパレード
❸夜空を彩る会場打上花火

港町・気仙沼の夏を彩る一大イベント。例年初日の夜には恒例の「はまらいんや踊り」が行われる。幼稚園児から高齢者まで世代を問わず踊りの輪に加わり盛り上がる。2日目は昼に「街頭パレード」と「海上行事」が行われる。夕方からは「打ち囃子（ばやし）大競演」や「海上うんづら」などが行われ、壮大な太鼓の音が鳴り響く。「サンマ船集魚灯ライトアップ」とともに大玉花火やスターマインが打ち上がる「海上花火大会」が行われ、港町は太鼓の音と光の協演に包まれる。

会場／気仙沼市内港町・内湾地区
【アクセス】三陸自動車道気仙沼港ICから車で約10分
JR気仙沼駅から徒歩約20分
問／気仙沼みなとまつり委員会
（気仙沼商工会議所）
tel.0226-22-4600

祭りの歴史

突きん棒漁実演の様子

「気仙沼みなとまつり」誕生の背景には1949年、まだ気仙沼町だった頃に行われた「気仙沼湾振興まつり」がある。

振興まつりでは、この地域の伝統的な一本釣り漁法を紹介する「カツオ一本釣り実況」をはじめ「仮装行列」や賞金付きの「花火師競演」などが繰り広げられた。この時の人出は延べ約10万人といわれ、一大イベントとしてスタートを切ったとされる。

そして翌々年の51年、第1回気仙沼みなとまつりを開催。この地域に伝わるカジキを豪快に銛（もり）で射止める「突きん棒漁実況」のほか、「和船競漕」といった水産都市を支える文化を新たに織り込み、みなとまつりの第一歩を踏み出した。

市内の太鼓団体が一斉に演奏を披露

サンマ船集魚灯披露の様子

海上打上花火と海上うんづら

気仙沼市産業まつり

秋
10月下旬

気仙沼市魚市場を会場に開催される地域最大の産業イベント。地元の農・林・水・商工事業者の自慢の地場産品が大集結し、大規模な展示・即売会が行われるほか、地元の特産品など豪華景品が当たる「お買い上げ大抽選会」、魚市場ガイドツアーなどイベントめじろ押し。地元の優れた水産加工品をはじめ、海・山の新鮮な物産品など、たくさんの「食」が楽しめる。

活気あふれる会場

会場／気仙沼市魚市場
問／気仙沼市産業戦略課 tel.0226-22-6600

リアス牡蠣《かき》まつり唐桑

秋
11月中旬

郷土芸能も披露

目玉は殻付きカキの炭火焼き試食コーナー。ふっくらとした熱々のカキを、ちゅるんといただこう。カキをはじめとした唐桑の「ごっつぉー（ごちそう）」の販売や郷土芸能の披露のほか、「元祖牡蠣殻積み大会」も盛り上がる。

会場／唐桑運動場
問／リアス牡蠣まつり唐桑実行委員会
（気仙沼市観光協会唐桑支部）
tel.0226-32-3029

気仙沼の気嵐《けあらし》

秋
冬
10月中旬～1月下旬

港町気仙沼で戻りガツオやメカジキが脂が乗る頃から、日の出とともに気仙沼湾に幻想的な光景が現れる。水温と外気温に大きな差が生じることで、海面から湯気のような水蒸気が舞い上がる「気嵐」という現象だ。初冬の風物詩とも言える気嵐を、迫力たっぷりの大型漁船と一緒に写真に収められるのも気仙沼港ならでは。

気嵐をかき分けて気仙沼湾を
進むサンマ船

会場／気仙沼湾
問／気仙沼市観光協会 tel.0226-22-4560

徳仙丈山《とくせんじょうさん》のツツジ観賞

春
5月中旬～下旬

海のコバルトブルーとの
コントラストが美しい

徳仙丈山（標高711㍍）はツツジの群生地として知られ、例年5月中旬から下旬にかけて約50万本（東京ドーム約10個分）のヤマツツジやレンゲツツジが見頃を迎える。登山道をのんびり散策しながら観賞できる。気仙沼側と本吉側の登山道入り口には無料駐車場を完備。

会場／徳仙丈山
問／気仙沼市観光協会
tel.0226-22-4560

南三陸町

三陸復興国立公園のリアス式海岸が織りなす風光明媚（めいび）な景観が美しい。天然記念物コクガンの越冬地として貴重な海であることが認められ、2018年10月「ラムサール条約湿地」に登録。「南三陸さんさん商店街」などで味わえる、山海の幸を使った「南三陸キラキラ丼」が名物。

南三陸町商工観光課
tel.0226-46-1385

南三陸キラキラ丼
応援キャラクター
イクラン＆キララン

夏 7月中旬 サンオーレそではま海水浴場

所在地／南三陸町志津川字袖浜
問／南三陸町商工観光課 tel.0226-46-1385

❶青い海と白い砂浜のコントラストが美しい　❷家族連れなど多くの海水浴客でにぎわう

1999年7月に人工海水浴場としてオープンした「サンオーレそではま海水浴場」。東日本大震災により敷地内の施設および砂浜が全て流出したが、周辺の漁港や道路の整備が進み、2017年7月、7年の歳月を経て再オープンした。

「サンオーレ」という名前は砂浜の全長（300メートル）に由来する。内湾に位置する海水浴場のため波が非常に穏やかで、小さい子どもでも安心して泳げる。また、周辺を囲む山々と志津川湾とのコントラストが美しい海水浴場として、地域住民にとっても長く愛される憩いの場となっている。

海水浴場に隣接する「荒島・楽天パーク」には、子どもに大人気の「オクトパス君」をモチーフにした遊具もある。夏以外の季節でも散策などにお薦めの景色抜群な観光スポットだ。

春 5月中旬 田束山《たつがねさん》つつじ観賞

田束山の山頂にたくさんのツツジが咲き、花の朱色と木々の緑色のコントラストが見物客を楽しませる。三陸沿岸を一望できるビュースポットとしても知られる。山頂手前に広々とした駐車場があるほか、山頂付近には約100台の駐車が可能。

朱色に染まる山頂

会場／田束山
問／南三陸町観光協会
tel.0226-47-2550

通年 神割崎キャンプ場

海を一望できる抜群の
ロケーション

所在地／南三陸町戸倉字寺浜81-23
問／tel.0226-46-9221

南三陸町屈指の景勝地「神割崎」にほど近いキャンプ場。太平洋に面した高台にあり、水平線からの日の出も見られる。「手ぶらでキャンプ」「手ぶらでBBQ」といったプランがあるほか、2021年には冬キャンプの受け入れも開始。初心者から上級者まで一年を通して海辺のキャンプが楽しめる。

女川町

JR女川駅から海へと延びるレンガみち周辺は、新鮮な魚介をはじめ女川グルメを堪能できる飲食店やクラフト工房などさまざまな店舗が並ぶエリアで、2021年、道の駅に登録された。近隣の海岸広場には子どもたちが遊べるマッシュパークやスケートパークがある。

女川町産業振興課
tel.0225-54-3131

女川町
観光キャラクター
シーパルちゃん

おながわみなと祭り

夏 7月下旬

会場／女川町海岸広場
問／おながわみなと祭り協賛会（事務局：女川町商工会） tel.0225-53-3310

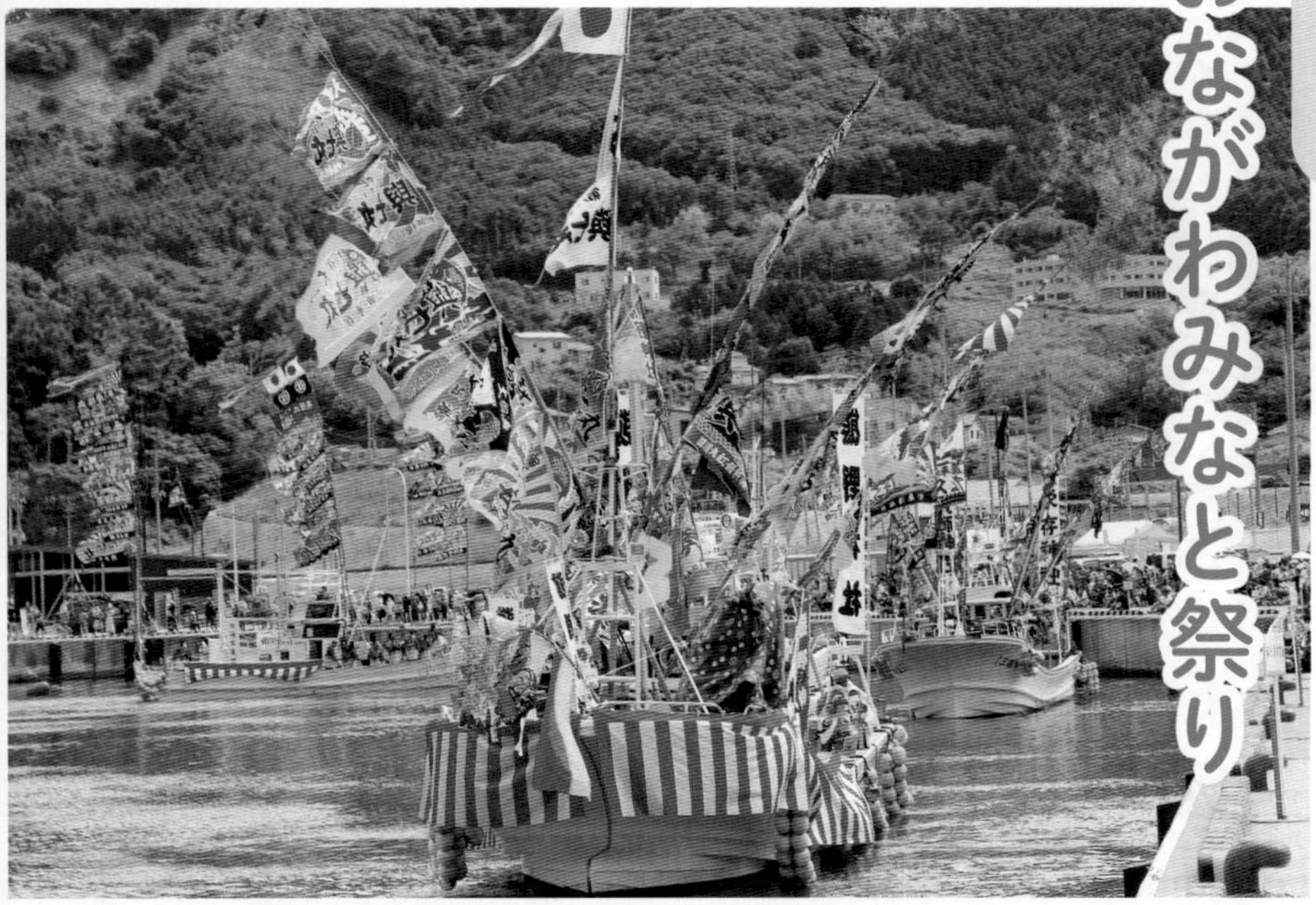

2022年海上獅子舞の様子

色鮮やかな大漁旗が掲げられた船の上で、囃子（はやし）に合わせ獅子が踊る「海上獅子舞」は圧巻の迫力。女川湾を大輪の華が彩る海上花火やステージイベントなども予定されている。東日本大震災以降、震災の影響や新型コロナウイルス感染症の感染拡大等により中止をやむなくされていたが、2022年7月に12年ぶりに復活した。

スターダスト・ページェント「海ぼたる」

冬 12月上旬〜1月上旬

震災前から続くイルミネーションイベントで、女川の冬の風物詩として親しまれている。JR女川駅前の広場が、高さ約7㍍のシンボルツリーを中心に約5万球のLED電球で華やかに飾られ、幻想的な世界が広がる。

幻想的な明かりにうっとり

会場／JR女川駅前広場
問／海ぼたる制作委員会
（女川町役場）
tel.0225-54-3131

おながわ秋の収獲祭（旧秋刀魚《さんま》収獲祭）

秋 10月下旬

自然の恵みに感謝するとともに、サンマをはじめ女川の豊かな海産物を全国へ発信し、魚食普及と消費拡大を図る。秋の味覚を満喫しながら、ステージイベントやキッズコーナーも楽しめる。

旬のおいしさを堪能

会場／JR女川駅前周辺エリア
問／おながわ秋の収獲祭実行委員会
tel.0225-54-4328

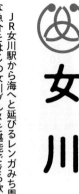

県北 エリア

大崎市 … 80～82

美里町 … 84

涌谷町 … 85

加美町 … 86

色麻町 … 87

栗原市 … 88・89

登米市 … 90・91

大崎市

ラムサール条約湿地「蕪栗沼・周辺水田」「化女沼」など自然豊かな地。ササニシキ、ひとめぼれの発祥地で全国有数の米どころ。2017年、「大崎耕土」の水田農業システムが国連食糧農業機関（FAO）から世界農業遺産に認定された。

大崎市観光交流課
tel.0229-23-7097

夏 8月2～4日

おおさき花火大会・おおさき古川まつり

大崎耕土
世界農業遺産
OSAKI KOUDO

大崎市
公式キャラクター
パタ崎さん

❶市内最大の花火大会　❷勇壮な太鼓演奏が会場に響く　❸市民が書いた願い事をつるした「短冊ロード」

1947年から続く大崎最大の夏祭り。2日は「おおさき花火大会」で祭り気分を高め、3・4日は歩行者天国で七夕飾り・古川おどり・古川まつり太鼓・創作みこし、そしてステージイベントを開催し、大いに盛り上がる。

2019年を最後に新型コロナウイルス感染症の影響で開催を見送ったが、22年の祭りは規模を縮小して開催。23年はアフターコロナを見据え、通常開催に向けて現在準備中。

花火大会は古川まつりの前夜祭として8月2日に開かれる。例年であれば、花火の打ち上げ場所である江合橋付近の河川敷の対岸に観客席を用意。目の前で迫力満点の花火が次々と打ち上げられる抜群のロケーションだ。

会場／大崎市古川中心部 他
※新型コロナウイルスなどの影響により、内容や日程などが変更となる場合は古川商工会議所WEBサイトでお知らせします
【アクセス】JR古川駅から徒歩約5分（リオーネふるかわ）
問／大崎市古川地域イベント連絡協議会
（事務局・古川商工会議所）
tel.0229-24-0055

祭りの歴史

▶吹き流しの下を「古川まつり太鼓」などが練り歩く

▼「おおさき古川まつり」の開催以前から古川では七夕を飾る風習があった（1915年） 写真提供／佐々木一郎氏

祭りの目玉となる「七夕飾り」を始めたきっかけは、旧古川市の市史によると1947年に昭和天皇が同市を訪問する際、8月に商店街を七夕飾りで美しく飾り付けていた仙台市を参考に、祭りとともに天皇陛下をにぎやかに迎えようとしたとされる。

前夜祭「おおさき花火大会」は76年に始まり、一時の中断を経て2009年に再開した。近年では古里の夏の風物詩として定着している。

色彩豊かな七夕の吹き流し

昔のまつりの様子を捉えた写真のパネル展

懐かしそうに写真に見入る来場者

秋 全国こけし祭り・鳴子漆器展

9月2・3日（9月1日はこけし供養祭）

「鳴子こけし」「鳴子漆器」など、伝統工芸が根付く鳴子温泉地域で開かれる恒例イベント。全国こけし祭りコンクール入賞作品の展示、東北地方を中心とした各産地のこけしや鳴子漆器の展示販売、工人によるこけしの製作実演のほか、こけしの絵付け体験も楽しめる。9月1日夜には、鳴子温泉神社境内でこけし供養祭が執り行われる。

◀こけしファンでにぎわう会場

美しい光沢を放つ鳴子漆器

会場／鳴子小学校体育館、鳴子温泉街
問／全国こけし祭り・鳴子漆器展実行委員会（大崎市鳴子総合支所地域振興課） tel.0229-82-2111

秋 大崎バルーンフェスティバル

11月下旬

◀澄んだ朝空に映える

フリーフライトとして全国から20機余りが参加する。フライトは大気が安定する早朝にスタート。色とりどりの熱気球が朝空を埋め尽くす。実際に気球に乗れる「係留気球体験試乗」は、先着150人に配布される整理券を求め夜明け前から行列ができる。小型飛行機のデモフライトなど関連イベントも開催する。

▲カラフルな熱気球が次々と浮上

会場／岩出山江合川河川公園
問／実行委員会
（大崎市岩出山総合支所
地域振興課）
tel.0229-72-1215

秋 政宗公まつり

9月9・10日

伊達政宗が青年期を過ごした岩出山地域ならではのまつり。メインイベントの武者行列は1000人以上が参加し、政宗が兵を率いて岩出山から上洛したときの様子を再現する。子どもたちの踊りや太鼓、各団体のすずめ踊り、よさこい踊りといったステージにも注目。本まつりに先駆けて行われる「宵まつり」では、よさこい踊りや岩出山ふるさと音頭を披露する。

▲勇壮な武者行列
▶みこしも繰り出す

会場／岩出山南町商店街通り 他
問／政宗公まつり協賛会
（大崎市岩出山総合支所地域振興課）
tel.0229-72-1215

春 加護坊桜まつり

4月上旬～5月上旬

加護坊山は栗駒、船形、蔵王の山々を一望できるビューポイント。春には約2000本のソメイヨシノや八重桜、ヤマザクラが咲きそろう。夜のライトアップも幻想的だ。期間中、会場では「さくらフェア」を開催。地場産食材の販売などを行う。

県内有数の花見スポット

会場／加護坊山自然公園
問／実行委員会
（大崎市田尻総合支所地域振興課）
tel.0229-39-1111

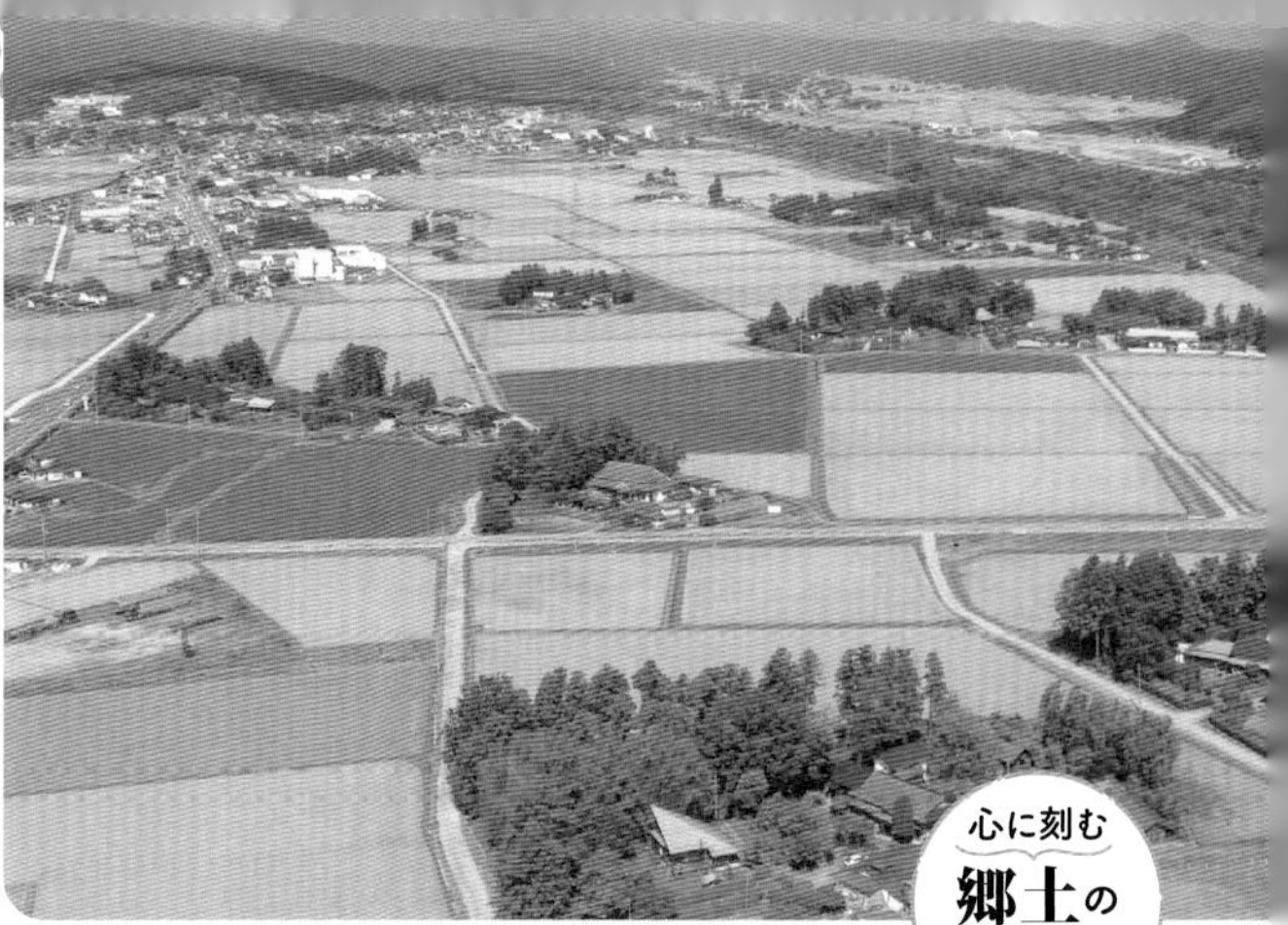

心に刻む 郷土の輝き

豊饒の大地が広がる 世界農業遺産 大崎耕土

「大崎耕土」と称される大崎地域は江合川、鳴瀬川の流域に広がる野谷地や湿地を利用し、水田農業地帯として発展してきた。東北の太平洋側特有の冷たく湿った季節風「やませ」の影響を受ける厳しい自然条件の中、「水」の調整にさまざまな知恵や工夫を重ねて克服し持続可能な水田農業を作り上げた大崎耕土は2017年、世界農業遺産に認定された。

2022年11月には世界農業遺産認定5周年記念フォーラムが開催され、大崎耕土の認知度向上や地域内外の連携強化が図られている。

大崎耕土
世界農業遺産
OSAKI KOUDO
GLOBALLY IMPORTANT AGRICULTURAL HERITAGE SYSTEMS

「大崎耕土」の概要

世界農業遺産とは

社会や環境に適応しながら、何世代にもわたり形づくられた伝統的な農林水産業と、それに関わって育まれた文化、地域的まとまり、生物多様性などが一体となった世界的に重要な農業システムをFAO（国連食糧農業機関）が認定する仕組み。

世界農業遺産「大崎耕土」認定要件と地域資源

○**巧みな水管理基盤**…用水確保のための取水堰（ぜき）、隧道（ずいどう）・潜穴、治水のための遊水地、冷害対策の技術などが水田農業を可能としてきた

○**持続可能な農業・食料**…ササニシキやひとめぼれなどの品種を生み出し、稲作を中心とした地域農業を支えている

○**伝統的農耕文化**…農家の営みで、豊饒（ほうじょう）への祈りや感謝を表す農耕儀礼や民俗芸能があり、また、餅や酒・みそ・しょうゆの発酵食など豊かな食文化が生まれている

内川

○**生物多様性**…水田とその周辺には多様な生き物が生息し、秋から冬にかけては天然記念物のマガンが越冬する

蕪栗沼

○**ランドスケープ**…屋敷林「居久根（いぐね）」は、冬の北西風や洪水から農家の屋敷を守っている

問／大崎地域世界農業遺産推進協議会事務局
（大崎市農政企画課世界農業遺産未来戦略室）
tel.0229-23-2281

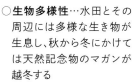

美里町

江合川と鳴瀬川を流れる大崎平野有数の田園地帯で、稲作や果樹栽培が盛ん。5～10月に小牛田駅前公園で開かれる「こごた朝市」も人気だ。新鮮な野菜や海産物を買い求めて、町内外から多くの来場者でにぎわう。

美里町産業振興課
(美里町起業サポートセンターKiribi)
tel.0229-25-3329

美里町公認キャラクター
みさとまちこちゃん

美里町北浦梨フェア

秋 9月中

会場／町内外の飲食店、北浦梨販売店　他
問／美里町産業振興課 tel.0229-25-3329

❶町で栽培する梨は「北浦梨」の愛称で親しまれている　❷直売所には北浦梨を求める多くの客でにぎわう

町の特産品である北浦梨は、みずみずしく歯触りの良い「幸水」をはじめ、「豊水」「あきづき」「長十郎」など、さまざまな品種が栽培されており、時季を変えてさまざまな旬の味を楽しめる。

特に旬を迎える9月に行うのが「美里町北浦梨フェア」。フェア期間中は町内外の飲食店や直売所で北浦梨を使用したメニューや商品が提供されるほか、参加店舗を巡ると抽選で町の特産品が当たるスタンプラリーも同時開催される。参加店舗は町WEBサイトで確認を。また北浦梨の梨狩りも町内の梨農園で体験できる。

ひとめぼれマラソン

秋 11月3日

大勢のランナーが参加

田園地帯を駆けるマラソン大会。10㌔、5㌔コースをはじめ、親子ペア2㌔のコースなどもある。参加者には豚汁と美里町産の新米おにぎりが振る舞われ、豪華景品が当たる抽選会も開催。特産品販売もあり、マラソンのほかにも楽しめる。

会場／美里町トレーニングセンター周辺特設コース
問／実行委員会（美里町体育協会）　tel.0229-34-2865

えきフェスMISATO

夏 8月上旬

普段は入れない線路がこの日は一部開放され、さまざまな車両が間近で見られる貴重な機会だ。ミニ列車「レールスター」の試乗会など体験型イベントも。ミニSLの運行やヒーローショーと握手会、高校生のダンスコンテストといったイベントも繰り広げられる。

レールスター試乗会

会場／JR小牛田駅東口ロータリー
問／実行委員会（美里町物産観光協会）
tel.0229-33-3789

涌谷町

涌谷伊達氏の城下町で桜の名所。町のシンボル箟岳（ののだけ）山からは仙台平野や栗駒山を一望できる。名物はおぼろ豆腐やシイタケなどを用いた郷土料理「おぼろ汁」。小ネギ、ホウレンソウの生産が盛んだ。

涌谷町まちづくり推進課
tel.0229-43-2119

涌谷町観光PRキャラクター
桜部長
城山の金さん

春 4月16日 東北輓馬競技大会

会場／城山公園下の江合川河川敷特設コース
問／涌谷町まちづくり推進課 tel.0229-43-211

❶力自慢の馬の迫力に圧倒される ❷ライトアップされた城山公園の桜

宮城をはじめ東北各県、北海道などから力自慢の馬約30頭が出場。階級ごとに異なる重りをそりに載せ、全長120㍍のコースを全力で駆け抜けタイムを競う。

重りは最も重いもので975㌔にもなり、途中にある障害物を乗り越えながらゴールを目指す。人馬一体となった迫力あるレースに、観客から歓声と拍手が湧き起こる。

夏 7月8日 採《さい》燈《とう》大《おお》護《ご》摩《ま》供《く》

箟岳山に鎮座する天台宗の古刹・箟峯（こんぽう）寺に伝わる密教の秘法。行者姿の僧たちが護摩壇に点火し、経を上げながら木札「護摩木」を投げ入れていく。火が弱まると、灰の上を素足で歩く「火渡り」が行われ、参加者が除災、招福、諸願成就を祈願する。

立ち上る火柱を前に経を上げる

会場／石仏広場
問／箟峯寺
tel.0229-45-2251

秋 11月11・12日 秋の山唄全国大会

自慢ののどを競う

秋の山唄はもともと、箟岳山の山の神に五穀豊穣（ほうじょう）を祈り、農作業をしながらうたわれたもの。大会には北は北海道から南は九州まで多くの出場者が集う。優勝者は箟岳山箟峯寺に山唄を奉納する。

会場／涌谷町勤労福祉センター
問／涌谷町まちづくり推進課 tel.0229-43-2119

加美町

国内有数の音響設備とパイプオルガンを備えた「中新田バッハホール」、宮城を代表する陶磁器の歴史を伝える「切込焼記念館」といった文化施設が充実。町のシンボル「薬莱（やくらい）山」や荒沢湿原など豊かな自然も誇る。

加美町産業振興課
tel.0229-63-6000

加美町公認キャラクター
かみ～ご

初午《はつうま》まつり 火伏せの虎舞

春 4月29日

会場／中新田花楽小路 他
問／初午まつり実行委員会（加美町産業振興課） tel.0229-63-6000

哀調を帯びた笛の音と勇壮な太鼓のおはやしに合わせ、山車とともに虎が練り歩き、各家の防災や家内安全を祈願する伝統行事。県の無形民俗文化財に指定されている。

約650年前、春先の強風で続いた大火を鎮めるため「雲は龍に従い、風は虎に従う」という中国の故事に倣い、稲荷明神の初午まつりに虎舞を奉納したのが始まりとされる。

色鮮やかな山車とともに町内を練り歩く虎の姿を見ようと、県内外から毎年大勢の見物客が集まる。

❶腹いっぱいに風をはらんで立つ虎の姿は勇壮そのもの ❷華やかな山車が町内を練り歩く

PICK UP

加美町中新田B&G海洋センター

2020年夏にリニューアルオープンした。指導者が常駐し、指導者付きのカヤックをはじめ、ロードバイクなどのレンタルが可能。アウトドアスポーツを楽しむ拠点施設であり、環境スポーツイベント「SEA TO SUMMIT（シートゥーサミット）」宮城 加美町ルートを毎日気軽に体験できる。

アウトドアスポーツの拠点

カヤックを楽しむ利用者

住／加美町米泉字成瀬川16
営／午前9時～午後5時
休／月曜、臨時休館あり
問／加美町中新田B&G海洋センター
tel.0229-25-8188
※カヤックの指導が必要な場合は事前に連絡が必要

うめぇがすと鍋まつりin加美

冬 2月11日（建国記念の日）

町内産の野菜などを使った、ちゃんこ鍋、トマト鍋、もつ鍋などのさまざまな鍋料理が1杯200～400円で味わえる。販売前から行列ができ、人気のメニューはすぐに完売することもあるため、早めの来場がお勧めだ。冬の冷えた体に味わい深くしみる出店が数多く、家族で楽しめる。

立ち上る湯気が食欲をそそる

会場／中新田花楽小路商店街
問／加美商工会 tel.0229-63-2734

色麻町

カッパを御神体として祭り「おかっぱ様」とも呼ばれる磯良神社や、平沢交流センター「かっぱのゆ」などが観光スポット。特産のエゴマ(ジュウネン)は健康食品として注目され、焼酎や油、ドレッシングなどに加工されている。

色麻町産業振興課
tel.0229-65-2128

色麻町のマスコット
活平(かっぺい)くん

春 5月下旬 シャクヤクまつり

会場／愛宕山公園(ペット同伴不可)
問／愛宕山公園管理事務所 tel.0229-65-4390

❶約1万株が開花
❷鮮やかな大輪の花がお出迎え

色麻町の初夏の風物詩といえば、愛宕山公園のシャクヤク。

約4000平方㍍の広大な敷地に、白やピンクの大輪の花約1万株があでやかに開花する。

園内では、シャクヤクの鉢植えや切り花が数量限定で販売されるほか、地元で生産された新鮮な野菜や卵、色麻町の特産品であるエゴマの加工品なども購入できる。祭りの会期中、地域住民による太鼓演奏や、よさこい踊りが披露される日もある。

夏 7月23日 かっぱのふるさと祭り

色麻町かっぱのふるさと祭りが、2023年に4年ぶりに開催される。夏の一大イベントであるこの祭り。地域を元気にする多彩なイベント内容で来場者を迎える。このたび新調し、3代目となる町のマスコットキャラクター「活平(かっぺい)くん」も登場。みんなで会いに行こう!

ステージイベントも華やかに

会場／色麻町役場前広場
問／実行委員会(色麻町企画情報課)
tel.0229-65-2127

秋 11月上旬 色麻町民秋まつり

にぎわいを見せるまつり会場

実りの秋を体感

色麻町の豊かな秋の恵みを堪能できるイベント。採れたての野菜や特産のエゴマ商品がそろう物産展、パッチワークといった作品展示、餅まきなども行われる。

会場／色麻町屋外運動場 他
問／色麻町産業振興課 tel.0229-65-2128

栗原市

栗駒山、伊豆沼・内沼、花山湖など豊かな自然に恵まれ、鉱山の歴史を伝える「細倉マインパーク」や、くりはら田園鉄道の貴重な資料を展示する「くりでんミュージアム」といった観光スポットがある。名物は「栗駒耕英岩魚丼」など。

栗原市田園観光課
tel.0228-22-1151

栗原市
マスコットキャラクター
ねじり ほんにょ

伊豆沼・内沼はすまつり

夏 7月下旬～8月下旬

会場／伊豆沼・内沼
問／栗原市観光物産協会 tel.0228-25-4166

❶花の間を進む遊覧船　❷美しいハスの花

国内で2番目にラムサール条約湿地に登録され、貴重な自然資源の宝庫として知られている伊豆沼・内沼。夏には沼一面にピンク色のハスの花が咲き誇る。そこでは毎年夏に「伊豆沼・内沼はすまつり」が開催され、地元の漁師が操縦する船に乗って20分ほどの遊覧を楽しめる。ピンクと緑のカーペットを縫うように進む船上から、背丈より伸びたハスや、水中に潜む魚類、時折現れるトンボを間近に感じながら、つかの間の涼しさに触れよう。ハスの花は、強い日差しを受けると閉じてしまう傾向があるため、遊覧は午前中の早い時間がお薦め。ハスのほかに、小さくて黄色い「アサザ」も見つけてみて。

乗船料は有料（大人800円、小学生以上500円、20人以上の場合は団体割引あり）。伊豆沼会場（栗原市若柳）と内沼会場（栗原市築館）の2会場で行う。当日の天候状況により、遊覧が中止になる場合がある。

くりこま山車まつり

夏
7月最終土・日曜

山車が展示、巡行される

約300年の歴史を誇る祭り。見どころは宵祭りの夜間山車巡行。豪華絢爛（けんらん）な山車がライトアップされ、一段と迫力が増す。本祭でも、おはやし一斉演奏や山車巡行などがにぎやかに行われる。

会場／栗駒岩ケ崎 馬場通り 他
問／実行委員会（栗原市栗駒総合支所市民サービス課内）
tel.0228-45-2114

湖畔でのバーベキューは開放感いっぱい

花山・湖秋まつり

秋
10月中旬

花山ダム湖畔で、紅葉を眺めながらバーベキューを行う秋のまつり。会場では地場産品等の特産品の販売やミニ動物園、木工体験コーナーもあり、時間にとらわれない、のどかな時間を満喫できる。

会場／花山ダム湖畔
問／花山・湖秋まつり実行委員会
（花山農山村交流センター内）
tel.0228-43-5111

一迫山王史跡公園あやめ祭り

夏
6月中旬～7月上旬

1万3000平方㍍の敷地に、アヤメやカキツバタ、ハナショウブなどが咲き誇る。約300品種22万株が植栽され、園内にはアヤメ類の「標本園」とハナショウブの改良過程を表す「改良歴史園」を設置している。

会場／一迫山王史跡公園あやめ園
問／一迫観光協会
（栗原市一迫総合支所市民サービス課内）
tel.0228-52-2114

美しい花が咲き誇る広い園内を散策しよう

薬師まつり

秋
11月3日
（文化の日）

平安絵巻さながらのパレード

藤原秀衡の妻しづはた姫が平泉に向かう途中で病に倒れ、現在の築館地区にある杉薬師如来に祈願したところ回復。そのお礼参りで、藤原一族が杉薬師に訪れた時の行列をパレードで再現する。ミスしづはた姫が御所車に乗り、お供の侍女、武士、僧侶らとともに商店街を練り歩く姿は平安絵巻さながらだ。

会場／築館地区商店街 他
問／実行委員会（栗原市築館総合支所市民サービス課内）
tel.0228-22-1114

せみね藤まつり

春
5月14日

五輪堂山公園では毎年5月中旬に、瀬峰地区の花である藤にちなんだ「せみね藤まつり」が開催。歌や踊り、フリーマーケットや独自のゲームなどが行われ、幅広い世代でにぎわう。芸能をたしなんだ人がボランティアで参加し歌や踊りを披露したり、家族と一緒にピクニック気分を味わったり、藤棚をのんびり眺めたりと思い思いに楽しめる。

美しい花にうっとり

会場／瀬峰五輪堂山公園
問／せみね藤まつり実行委員会 tel.0228-38-3942

登米市

ラムサール条約に登録されている伊豆沼・内沼は、渡り鳥の飛来地。長沼はハスの花の名所で、毎年夏に数十万本が開花する。特産品は米、みそ、しょうゆ、地酒など。津山杉を使った家具や小物といった「矢羽木工品」も人気。

登米市観光シティプロモーション課
tel.0220-23-7331

登米市
観光PRキャラクター
はっとン

登《と》米《よま》秋まつり

秋 9月16・17日

会場／登米町寺池地区 他
問／登米市登米総合支所市民課 tel.0220-52-5051

❶豪華絢爛（けんらん）な山車は住民の手作り ❷県内唯一の屋外能楽堂の森舞台は隈研吾氏設計 ❸幻想的な薪能

毎年、登米神社の秋季例祭に合わせて行われる。

歴史上の人物や人気キャラクターなどをかたどった人形を中心に、竹や花など特徴的な飾りを装飾した「とよま型」と呼ばれる山車は約350年の歴史を誇る県指定無形民俗文化財。各団体手作りの山車が、おはやしとともに武家屋敷が残る街並みを練り歩く。みこしや甲冑（かっちゅう）姿の武者行列も登場する。

小笠原流百々手式弓術も必見。真剣な面持ちの射手が一列に並び、狙いを定めて的を射貫く瞬間は、誰もが息をのむ迫力。地元の伝統を発信しようと岡谷地南部神楽も演じられる。

宵まつり（土曜夜）には、かがり火に照らされた森舞台で「薪能（たきぎのう）」が奉納される。仙台藩で演じられていた能を登米伊達氏が取り入れ、忠実に伝承してきた230年余りの歴史ある伝統芸能だ。

春　4月下旬～5月上旬
米山チューリップ鑑賞

チューリップのじゅうたんが広がる

「道の駅米山」では、60種10万株のチューリップを植えてあり、シーズンになると赤、白、黄、ピンクなどの花が一面に咲き広がる。道の駅では、旬の野菜、果物、ソフトクリームの販売のほか、チューリップの球根販売も行われる。
※入場無料

会場／道の駅米山西隣
問／道の駅米山 tel.0220-55-2747

夏　8月
YOSAKOI&ねぷた inとよさと

華やかなパフォーマンス

夏の夜を彩るねぶた

1988年に地元の商工会青年部が「弘前ねぷた」を参考に祭りを企画したのが始まり。2004年からYOSAKOIも取り入れ恒例行事となった。県内はもちろん北海道や岩手県などからもYOSAKOIチームが集結。華やかな衣装でパフォーマンスを披露する。夜の豊里町駅前通りにねぷたが登場すると、祭りは一層盛り上がる。

会場／陸前豊里駅前通り
問／実行委員会（登米市豊里総合支所市民課）
tel.0225-76-4111

冬　12月3日
日本一はっとフェスティバル

登米市のソウルフード「はっと」

目当ての店に列をつくる来場者

小麦粉を水で練ってゆで、スープに入れたり、あんに絡めたりした郷土料理「はっと」が味わえる。市内をはじめ仙台市、南三陸町などの各店が個性豊かな約30種を出品。はっと踊りやよさこい踊りのステージも楽しめる。

会場／迫中江中央公園
問／実行委員会（登米市観光物産協会）
tel.0220-52-4648

春　5月21日
東北風土マラソン&フェスティバル

笑顔の外国人ランナー

テーマに合わせた仮装にも注目

フルマラソンコースを含めた“お祭り”マラソン。給水所では登米市や近隣地域の名物料理、日本酒の仕込み水が振る舞われる。趣向を凝らした仮装ランナーにも注目だ。「登米フードフェスティバル」「東北日本酒フェスティバル」、南三陸の沿岸部を巡るツアー「東北風土ツーリズム」も同時に開催される。

会場／長沼フートピア公園
問／登米市観光物産協会
tel.0220-52-4648
※最新情報はWEBサイトで確認
http://tohokumarathon.com/

心に刻む 郷土の輝き

ユネスコ無形文化遺産 米川の水かぶり

「米川の水かぶり」は登米市東和町米川の五日町地区に古くから伝わる火伏行事で、毎年2月の初午に行われる。地区の男たちが水かぶりの姿になり行事に参加。裸体の腰と肩にわらで作った「しめなわ」を巻き、「あたま」と「わっか」を頭からかぶり、足にわらじを履き、顔に火の神様の印である竈のすすを塗る。この水かぶり装束を身に着け、男たちは火の神様に化身する。

大慈寺の秋葉山大権現と諏訪森大慈寺跡に祈願した後、町に繰り出し家々の前に用意された手桶の水を屋根にかけ、町中の火伏せを祈願。人々は男たちが身に着けた「しめなわ」のわらを抜き取り、火伏せのお守りにする。

祭りの歴史

米川の水かぶりの起源は定かではないが、一説には藤原秀衡が1170年に建立した諏訪森大慈寺の修行僧の行を起源としている。水かぶりを代々伝承してきた水かぶり宿の口伝は江戸中期、すでに行事が行われていた。

2000(平成12)年
国重要無形民俗文化財に指定
18(同 30)年
ユネスコ無形文化遺産に登録
【来訪神行事:仮面・仮装の神々】

屋根に水をまく様子

水かぶりの装束に身を包む男たち

存団体／米川の水かぶり保存会
催 日／毎年2月初午
催地区／登米市東和町米川の五日町地区

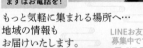

県　南
エリア

名取市 … 94・95
岩沼市 … 96・97
亘理町 … 98
山元町 … 99
白石市 … 100・101
角田市 … 102・103
蔵王町 … 104
七ヶ宿町 … 105
大河原町 … 106
村田町 … 107
柴田町 … 108
川崎町 … 109
丸森町 … 110

名取市

空港やJR、国道と交通機関が充実していて食の流通にも便利。宮城県の経済の副拠点としての機能を持つ。県内一の出荷量を誇る「仙台せり」は根の食感と風味が絶品の「せり鍋」がおすすめ。2017年から閖上で水揚げが始まった「北限のしらす」にも注目。

名取市商工観光課
tel.022-384-2111

会場／ゆりあげ港朝市
問／ゆりあげ港朝市協同組合 tel.022-395-7211

ゆりあげ港朝市

春 夏 秋 冬 毎週日曜、祝日
※1月1日、振替休日は休業

❶競りが体験できる ❷焼きたてを堪能

漁港として江戸時代から栄える閖上（ゆりあげ）で開催。海の幸や新鮮野菜といった地場産品が早朝から勢ぞろい。威勢のいい掛け声が飛び交い、祭り気分に包まれる。「せり鍋」など名取の“うまいもん”の食べ歩きや、大人気の炭火炉端焼きコーナー、お客さんが参加しての競り市も盛り上がる。

名取市
マスコットキャラクター
カーナくん

なとり春まつり

春 4月第2土曜

名取市役所前広場を会場に、4月第2土曜日に開催される。満開の桜に囲まれながら思い思いに春のひとときを満喫できる。

広場では、水産物や水産加工品、野菜などの地場産品が販売されるほか、ゆりあげ港朝市が移動出店。笹かまぼこの炭火焼き体験コーナーもあり、自分で焼いた出来たて熱々の笹かまぼこを味わえる。

多彩なステージイベントにも注目。オープニングには閖上太鼓が披露される。フリーマーケットもあるので家族みんなで楽しんでみては。

会場／名取市役所前広場
問／実行委員会（名取市商工会）
tel.022-382-3236

ステージイベントが盛りだくさん

笹かま焼き体験

夏 なとり夏まつり

8月上旬

名取の夏を彩る一大イベント。閖上地区を会場に、ゆりあげ港朝市や水産加工団地の特産品の販売が行われる。閖上の夜空を彩る大輪の花火が好評だ。

盛大な花火大会

力強い太鼓の演奏

会場／名取市閖上地区
問／実行委員会（名取市観光物産協会）tel.022-382-6526

秋 ふるさと名取秋まつり

11月3日

子どもも大人も大興奮の餅まき

働く車が登場

地元産の新鮮な農産物や、閖上名産の笹かまぼこ、干しガレイなどの水産加工品が販売され、実りの秋を満喫できる。上山市のラ・フランス、和歌山県新宮市のミカンや南高梅などが並ぶ姉妹都市コーナーも人気。上棟式の餅まきをはじめ、働く車コーナーやステージショー、縁日コーナーなど盛りだくさんだ。

会場／名取市民体育館
問／実行委員会（名取市商工観光課）
tel.022-384-2111

春夏秋冬 季節湯

毎月

日帰りで気軽に楽しめる

遊具で遊ぶのもお勧め

自転車を持ち込める宿泊部屋

2020年に誕生した「名取市サイクルスポーツセンター」内の宿泊施設「名取ゆりあげ温泉『輪りんの宿』」の天然温泉では、月ごとに日にちを限定して特色ある湯船を用意している。

季節や節句に合わせ、夏はハッカ、秋はショウガやミカン、冬はユズや松といったバラエティーに富んだ温泉を企画していて、その日はさまざまな香りや効能で普段と違う楽しみ方ができる。日帰り入浴可。センターにはサイクリングコースもあり、自転車のレンタルもしている。

会場・問／名取市サイクルスポーツセンター「名取ゆりあげ温泉『輪りんの宿』」
tel.022-385-8027

岩沼市

国道4号と6号、JR東北本線と常磐線の合流点で仙台空港が所在する交通の要衝。最近はラーメン激戦区として認知度がアップ。「店主おすすめの杯」を紹介した「いわぬまラーメンマップ」は2023年1月にリニューアル。温泉を堪能できるJOCA東北など新たなスポットも。

岩沼市産業振興課
tel.0223-23-0573

岩沼市マスコットキャラクター
岩沼係長

春 3月

初午《はつうま》大祭

会場・問／竹駒神社
tel.0223-22-2101

❶

❷

❸

❶伝統の「竹駒奴」❷装束や面にも注目　❸市の物産品などを販売する「たけこま市場」

日本三稲荷の一つに数えられる竹駒神社で、毎年旧暦2月の初午の日から7日間にわたって行われる祭事。五穀豊穣（ほうじょう）、商売繁盛、家内安全などを願う参拝客らでにぎわう。

期間中の日曜（または土曜）には、みこしの巡行があり、参勤交代での伊達家の大名行列を模した「竹駒奴（やっこ）」を先頭に、華やかに着飾った稚児ら総勢約700人が、古式ゆかしく街を練り歩く。

市の無形民俗文化財に指定されている竹駒奴の「奴振り」では、勇壮な掛け声とともに見せる息の合った動きが見ものだ。

期間中は茶席をはじめ、全国銘菓奉献展、氏子および愛好者による洋画や水墨画といった多数の秀作を展示する奉賛絵画展も実施。例祭は5日目に行われる。

PICK UP

竹駒神社

842（承和9）年に創建。衣・食・住の守護神である倉稲魂神（うかのみたまのかみ）・保食神（うけもちのかみ）・稚産霊神（わくむすびのかみ）の3柱の神々が祭られ、東北最大規模の参拝客が訪れる。毎年9月には秋季大祭を開催。小学生のミニ奴や小みこしの巡行があるほか、各団体による演奏などが特設ステージで披露される。

いわぬま市民夏まつり

夏
8月26日

夏の恒例行事で、会場に出店があり、地元岩沼はもちろん、姉妹都市・高知県南国市や友好都市・尾花沢市、静岡県袋井市の地場産品などが販売される。ゲームや工作コーナーなどのふれあい広場も設けられ家族で楽しめるほか、ステージや路上でのイベント、模擬上棟式はたくさんの人でにぎわう。当日は市のマスコットキャラクター「岩沼係長」も駆け付け、祭りを盛り上げる。

会場／岩沼市役所前広場
問／実行委員会（岩沼市商工会）tel.0223-22-2526

息ぴったりに踊りを披露

盛り上がりを見せる模擬上棟式

みんなで歌う 第九の会 演奏会

秋
11月26日

岩沼市に活動拠点を置く混声合唱団「みんなで歌う第九の会」が、1987年から開催している演奏会。仙台フィルハーモニー管弦楽団の演奏に合わせて、ベートーベン作曲「交響曲第九番合唱付」を声高らかに歌い上げる。歌を通して出演者と来場者の思いが一つになり、会場は大きな感動に包まれる。

会場・問／岩沼市民会館 tel.0223-23-3450

金蛇水神社 夏詣・秋詣

夏 秋
7〜8月・9〜10月

2022年に神楽舞台が完成した金蛇水神社で、新たに始まった風物詩。7月の「弁財天例祭」からお盆にかけて行われる「夏詣」では願い事をしたためた短冊を風鈴とともに藤棚につるす「祈願風鈴」、10月9日の例祭の前後の「秋詣」では「御神酒の夕べ」など、いずれも神事や舞台公演、境内の夜のライトアップ「竹灯リ」とともに、季節感のある催しが行われる。

会場・問／金蛇水神社
tel.0223-22-2672

▲涼やかな音色を響かせる風鈴

◀真剣を使った体験も

▶秋詣の御神酒

▼幻想的な竹明かり

亘理町

江戸時代、荒浜の漁師が伊達政宗に献上したとされる郷土料理「はらこめし」が名物。例年9月上旬から12月初旬まで町内の飲食店などで味わえる。東北一のイチゴ産地でも知られ、汽水湖鳥の海周辺ではマリンアクティビティーも体験できる。

亘理町商工観光課
tel.0223-34-0513

亘理町観光
PRキャラクター
わたりん・ゆうりん

秋 10月上旬 荒浜漁港水産まつり

場／わたり温泉鳥の海西側駐車場
／亘理町観光協会（亘理町商工観光課内） tel.0223-34-0513

❶荒浜の漁師が取ってきた新鮮な水産物が並ぶ水産物販売コーナー ❷亘理の秋の味覚「はらこめし」も軒を連ねて販売！ ❸毎回人気のミニ競りコーナーでは市場より安くお目当てのものが手に入るチャンス！

地元荒浜漁港で水揚げされた新鮮な水産物と、亘理町発祥の郷土料理「はらこめし」を中心に、亘理町の秋の味覚をまるごと味わえる名物イベント。

正解者にはサケ1匹をプレゼントする「鮭の重さ当てクイズ」やお楽しみ抽選会など盛りだくさんの内容だ。

さらに、はらこめしの試食コーナーは長蛇の列ができ、2000人分が数十分で無くなるほど大好評。

春 3月上旬 伊達なわたりまるごとフェア

亘理町自慢の特産品イチゴをはじめ、取れたて野菜や地場産品などを販売する、亘理町のおいしさがまるごと詰まった春の先取りイベント。大人気のイチゴやホッキ飯の試食コーナー、お楽しみ抽選会など企画が盛りだくさんだ。

旬の地場産品がずらり

好評の試食コーナー

会場／亘理町役場
問／亘理町観光協会（亘理町商工観光課内）
tel.0223-34-0513

PICK UP わたり温泉 鳥の海

最上階に設けられた展望風呂からは、東に太平洋、西に蔵王連峰の絶景が望める。レストランでは四季折々の旬の料理が味わえる。客室も太平洋と蔵王連峰の好きな景色を選べる。

住／亘理町荒浜字築港通り41-2
問／わたり温泉鳥の海 tel.0223-35-2744
営／日帰り入浴午前10時～午後8時
（最終受付:午後7時30分）
休／無休

山元町

温暖な気候を生かしたイチゴやリンゴなどの野菜や果樹の栽培が盛ん。農水産物直売所「やまもと夢いちごの郷」では、これらの特産品や山元ブランド認証品を中心とする加工品などを販売している。漁業はホッキ漁が知られ、ホッキ貝が名物の一つ。

山元町商工観光交流課
tel.0223-36-9837

山元町PR担当係長
ホッキーくん

やまもとひまわり祭り

夏
7月下旬～8月上旬ごろ

会場／山元町東部地区ほ場内（山元町沿岸部）
問／山元町商工観光交流課 tel.0223-36-983

県内随一の規模を誇るヒマワリ畑

震災から復旧した沿岸部に広がる農地に咲き誇る約300万本のヒマワリは、圧巻の眺め。期間中はヒマワリ畑を自由に散策でき、ヒマワリの摘み取りも楽しめる。山元町の夏を体感できるイベントだ。

コダナリエ

冬
12月中旬～1月上旬

東日本大震災からの復興支援への感謝と、近隣地域が活気あふれることを目的に実施。飾りは地域住民やボランティアで手作りしている。

約25万球のLED照明が公園内を鮮やかに彩る

会場／小平農村公園
問／コダナリエ実行委員会
tel.070-2020-5701

ブドウ狩り

秋
9月～10月

旬のブドウが食べ放題

かつてはブドウの産地として知られていた山元町。東日本大震災後は「シャインマスカット」や「高墨」「ピオーネ」などの生食用のブドウ栽培に取り組んでいて、秋にはブドウ狩りが楽しめる。

会場／山元町内
問／山元町商工観光交流課
tel.0223-36-9837

ふれあい市

夏
6月上旬

イチゴのシーズン終盤に、感謝の気持ちを込めて農水産物直売所「やまもと夢いちごの郷」で開催。完熟イチゴの特売をはじめ、特産品や旬の野菜の販売などが行われる。

完熟イチゴの特売が大人気

会場・問／農水産物直売所
「やまもと夢いちごの郷」
tel.0223-38-1888

白石市

伊達政宗の重臣・片倉小十郎景綱が築いた城下町。観光スポットは、小原・鎌先温泉、白石城、弥治郎こけし村など。油を一切使わずに作る白石温麺（うーめん）や弥治郎こけしも有名だ。

白石市商工観光課
tel.0224-22-1321

鬼小十郎まつり

秋 10月上旬

場／白石城本丸広場
／実行委員会事務局（白石市まちづくり推進課） tel.0224-22-1327

❶迫真の演技で激闘の様子を再現 ❷市のシンボル白石城

まつりの最新情報は
公式WEBサイトでチェック

白石市PRキャラクター
ポチ武者こじゅーろう
©2013 白石市

1602（慶長7）年、初代片倉小十郎景綱が入城以降、明治維新までの260余年にわたって伊達家の重臣・片倉氏の居城となった白石城を舞台に、壮大な歴史絵巻が繰り広げられる。

メインは「鬼小十郎」の名をとどろかせた2代片倉小十郎重長と真田幸村との激闘を再現する「片倉軍vs真田軍決戦　大坂夏の陣～道明寺の戦い～」。黒備えの甲冑（かっちゅう）に身を包んだ片倉鉄砲隊による火縄銃演武や、地元の高校弓道部が片倉弓隊として参加するなど、さまざまな参加者が合戦を彩る。

3年ぶりの開催となった2022年は、仙台城跡を拠点として活動している「奥州・仙台おもてなし集団　伊達武将隊」がパフォーマンスを披露したほか、白石市の伝統芸能や真剣を使った居合も行われ、会場を沸かせた。

まつり当日・翌日には、市内のまつり協賛店を巡ってスタンプを集めると限定缶バッジがもらえるスタンプラリーも開催され、多くの人々でにぎわった。

当日は甲冑の試着や無料写真撮影が楽しめるコーナー、東北の真田家ゆかりの地の物産展や各種出店もある。

夏 8月上旬

夏の検断屋敷まつり

材木岩公園内にある県指定有形文化財「検断屋敷（旧木村家）」では、四季ごとに祭りを開催。夏の祭りでは真夏の1日を楽しめるイベントが盛りだくさん。材木岩公園内には夏でも冷たい空気で満たされている「氷室」もあり、ひとときの涼が感じられる。

会場／材木岩公園内「検断屋敷」
問／小原公民館 tel.0224-29-2031

華やかな七夕飾りが会場を彩る

春 5月3～5日

全日本こけしコンクール

巧みな技に見入る来場者

毎年約3万人の来場者でにぎわう

工人が最高峰の技を競う日本最大のこけしの祭典。地元の弥治郎系をはじめ、全国の伝統こけし、新型こけし、創作こけしなどが勢ぞろい。工人による実演も行われ、間近で伝統の技を見られる。地場産品まつりも同時開催。

会場／ホワイトキューブ
（白石市文化体育活動センター）
問／全日本こけしコンクール事務局（白石市商工観光課）
tel.0224-22-1321

たくさんの来場者でにぎわう

秋 11月上旬

白石市農業祭

新米や新鮮野菜、果物などをお手頃価格で購入できる農林物産即売会や、姉妹都市の北海道登別市、神奈川県海老名市の物産展を開催。白石産新米すくいどり、餅まき、緑化木プレゼントなど多種多様なイベントも繰り広げる。

会場／ホワイトキューブ
問／白石市農林課
tel.0224-22-1253

春 5月3日

白石市民春まつり

「しろいし大行列」では神明社のみこしに、稚児行列や太鼓山車、子どもみこし、大人みこしが続く。片倉鉄砲隊や、紙製の甲冑をまとった甲冑工房「片倉塾」による武者行列も見ものだ。米俵相撲、消防団によるはしご乗りや多くの出店が並ぶ「白石マルシェ」、ステージイベント「たから舞台」など盛りだくさんだ。

会場／市内中心部 他
問／白石市民春まつり協議会（白石市商工観光課内）
tel.0224-22-1321

しろいし大行列の餅まき

角田市

市内にJAXA角田宇宙センターがあり、台山公園にある日本初の純国産ロケット「H-Ⅱロケット」の実物大模型や角田市スペースタワー・コスモハウスは市のシンボル。「5つの〝め〟」(こめ・まめ・うめ・ゆめ・ひめ)を生かしたブランドづくりも推進している。

角田市商工観光課
tel.0224-63-2120

場／市内中心商店街 他
／角田市商工観光課 tel.0224-63-2120

春 2月中旬～3月中旬

かくだ牟《む》宇《う》姫《ひめ》ひなまつり

❶豪華な雛人形が特別展示される ❷会場を華やかに彩る ❸情緒あふれる会場

角田市郷土資料館では、毎年2月中旬～3月中旬に企画展「雛(ひな)人形」が行われ、期間中にスペシャルイベントとして「かくだ牟宇姫ひなまつり」が開催される。

伊達家一門筆頭角田館主石川家に伝えられた伊達家ゆかりの豪華絢爛(けんらん)な雛人形が企画展で展示される。高さ45チセン、幅66チセンの女雛はその大きさも特徴的だが、特別なあつらえの雲竜紋の着物や伊達家の雪薄(ゆきすすき)紋が施された雛用お膳なども並ぶ。

まつりでは、こうした普段見ることのできない雛人形をはじめ、子どもの健やかな成長を願って作られたたくさんのつるし雛などの展示販売を行っている。また、スタンプラリーで角田市内を周遊するといった企画もあり、楽しみながら角田の歴史や文化に触れることができる。

姫の暮らしぶりや素顔を想像しながら、角田で心温まる雛まつりを満喫しよう。

角田市牟宇姫
シンボルキャラクター
むうひめ

角田市牟宇姫
PRキャラクター
おふで

秋

10月初旬

角田ずんだまつり

道の駅かくだで開催され、枝豆の一種である秘伝豆のおいしさを求める人々で毎年にぎわう。晩生の秘伝豆は「味よし、香りよし、形よし」といわれ、一度食べたら忘れられない味。枝豆の即売会、ずんだ餅やおはぎといった菓子や地元野菜の物産市も開かれる。

会場／道の駅かくだ
問／角田市商工観光課 tel.0224-63-2120

香りも味もよい秘伝豆

多くの人が買い求める

春

5月5日

かくだ宇宙っ子まつり

昔遊びや動物と触れ合えるコーナー、木登り体験など、子ども向けの企画が盛りだくさん。特に人気なのが、ペットボトルを使った水ロケットの打ち上げ体験だ。水を入れたペットボトルに専用のポンプで空気を入れて飛ばすもので、親子で楽しめる。

会場／台山公園、
角田市スペースタワー・コスモハウス
問／角田市商工観光課 tel.0224-63-2120

人気の水ロケットの打ち上げ体験

春

4月下旬〜5月初旬

かくだ菜の花巡り

残雪の蔵王連峰を背景に黄色の菜の花が映える

阿武隈川河川敷に整備された3.2㌶の畑で、約250万本の菜の花が咲き競う。残雪の蔵王連峰を背に一面に広がる菜の花畑は写真映えすること間違いなし。また、近隣の「道の駅かくだ」では、期間中、物産市も開催する。

会場／菜の花畑：阿武隈川角田橋下流右岸河川敷
催事会場：道の駅かくだ
問／角田市商工観光課 tel.0224-63-2120

伝統芸能「角田祭ばやし」も登場

愛らしい「牟宇姫パレード」

夏

8月14日

かくだ牟宇姫夏まつり

角田市市民センターを中心に夏まつりを開催。かくだ田園ホールでのステージイベントや、伝統芸能「角田祭ばやし」、伊達政宗公次女の牟宇姫に扮（ふん）したかわいらしい少女たちが街なかを練り歩く「牟宇姫パレード」のほか、高校生のブースや多くの露店が並び、市民でにぎわう。

会場／角田市市民センター 他
問／角田市商工会
tel.0224-62-1242

場／蔵王町
／蔵王町農林観光課 tel.0224-33-2215

蔵王町

蔵王のシンボル「御釜」や400年以上の歴史を持つ遠刈田温泉、蔵王酪農センターなどが観光客に人気。丘陵地を利用した果樹栽培は県下屈指の生産量で、ナシやリンゴなどの果物狩りも楽しめる。冬は2カ所のスキー場がにぎわうリゾート地。

蔵王町農林観光課
tel.0224-33-2215

蔵王町観光PRキャラクター
ざおうさま

蔵王エコーライン

春 夏 秋 4月下旬～11月初旬

❶夏は木漏れ日が気持ちいい ❷秋は赤や黄のグラデーションが見事 ❸春は雪の壁が迫力満点

蔵王エコーラインは蔵王連峰を東西に横断する、宮城県と山形県をつなぐ山岳道路。11月初旬～翌年の4月下旬の冬季閉鎖期間以外は、季節ごとに変わる周囲の自然を眺めながらドライブできる。4月下旬の開通から5月中旬まで（17:00～翌8:00は通行止め）は雪が道路の両脇に高く積もった「雪の回廊」が圧巻。その高さは例年、最高で約10㍍になるとか。夏は緑の木々、秋は赤や黄に色づいた紅葉が美しい。

蔵王町産業まつり

秋 10月下旬

蔵王町の農産物生産者や優れた地場産品の紹介・販売が行われ、生産者と消費者の交流を深く感じられる。蔵王町ふるさと文化会館の駐車場に設置される特設ステージでは、コンサートや歌謡ショーなど、一日を通して多くのイベントが開催される予定。蔵王町の魅力がたっぷり味わえる。

ステージイベントが会場をにぎわす

自慢の地場産品がずらり

生産者と消費者の交流も魅力

会場／蔵王町ふるさと文化会館(ございんホール)
問／蔵王町農林観光課 tel.0224-33-2215

スキー場オープン

冬 12～3月

12～3月のウインターシーズンは、町内にある「みやぎ蔵王えぼしリゾート」「マウンテンフィールド宮城蔵王すみかわスノーパーク」の二つのスキー場がにぎわいを見せる。いずれも豊富なコースを備え、初心者・上級者問わず楽しめる。

絶景を眺めながら滑ろう

「ざおうさま」も町のスキー場がお気に入り

会場・問／みやぎ蔵王えぼしリゾート tel.0224-34-4001
マウンテンフィールド宮城蔵王すみかわスノーパーク
tel.0224-87-2610

七ヶ宿町

蔵王連峰・不忘山の麓に位置し、県内随一の規模を誇る七ヶ宿ダムをはじめ、滑津大滝、長老湖、ミズバショウ群生地といった観光スポットを有する。江戸時代、羽州街道と奥州街道を結ぶ街道沿いに七つの宿場が置かれ、七ヶ宿街道と呼ばれていた。

七ヶ宿町観光協会
tel.0224-37-2177

七ヶ宿湖一周ウオーキング

秋 10月下旬

会場／七ヶ宿湖周辺
問／七ヶ宿町観光協会 tel.0224-37-217

歩いて出合える壮大な自然

七ヶ宿町
観光PRキャラクター
ゆり太郎

七ヶ宿町
観光PRキャラクター
源流ポッチョン

「水源の町・七ヶ宿」の雄大な自然と水の大切さを感じてもらおうと開催される、秋の恒例イベント。

赤や黄に色づいた山々を眺めながら、七ヶ宿湖の湖畔約12㌔のウオーキングを楽しむ。所要時間は3～4時間程度。

ゴール後に提供される具だくさんの特製きのこ汁は疲れた身に染み入る最高の一杯。

参加には事前申し込みが必要。家族や仲間と一緒に参加してみてはいかが。

さくらまつり

春 4月下旬
※桜の開花状況による

公園内には約2000本もの桜があり、公園一面が桜色で覆われる名所。グラウンドや遊具も整備されており、家族で楽しめる。

満開の桜が春の青空に映える

会場／七ヶ宿ダム自然休養公園
問／七ヶ宿町観光協会 tel.0224-37-2177

幸まつり

春 秋 5月中旬・10月中旬

町内各所で同時開催

季節の旬の山菜や野菜、特産品が対面販売されるほか、お楽しみイベントも盛りだくさん。七ヶ宿の四季を体感しよう。

会場・問／道の駅七ヶ宿
tel.0224-37-2721

わらじで歩こう七ヶ宿

夏 8月下旬

歴史や自然に触れながら歩く

奥羽十三大名の参勤交代路として栄えた「山中七ヶ宿街道」約11㌔を歩くイベント。思い思いの仮装に身を包み、旅姿を披露する参加者もいる。安全祈願の大わらじみこしも見ものだ。前夜祭の「七ヶ宿火まつり」では、採燈大護摩供（さいとうだいごまく）や花火大会を開催する。

会場／七ヶ宿町内　問／七ヶ宿町観光協会 tel.0224-37-2177

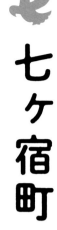

大河原町

白石川堤の桜並木「一目千本桜」は県内屈指の景勝地で、満開時期には多くの観光客でにぎわう。特産品は梅や枝豆（品種「酒の友」）など。2007年の特区認定を受け、町内の温泉施設ではどぶろくが購入できる。

大河原町商工観光課
tel.0224-53-2659

場／大河原町金ケ瀬～柴田町船岡
／大河原町商工観光課 tel.0224-53-2659

春 4月上旬～中旬
白石川堤一目千本桜

❶川面に映える桜並木と蔵王　❷残雪の蔵王連峰を背景に白石川の両岸に咲き誇る一目千本桜（韮神堰）

町の中央を流れる白石川沿いに、上流の大河原町金ケ瀬地区から下流の柴田町船岡地区まで樹齢約100年、約1200本の延々約8㌔にわたる“桜のトンネル”「白石川堤一目千本桜」がある。この桜並木は、大河原町出身で東京に出て事業で成功した高山開治郎が1923年と1927年に、東京の植木職人や地元の職人、農学校の学生とともに自ら植樹したといわれる。残雪頂く蔵王連峰、白石川の清流、鮮やかに咲き誇る桜並木が絶妙なハーモニーを醸し出し、今や宮城・東北を代表する桜の名所となっている。一目千本桜植樹100周年の今年は、4年ぶりに「おおがわら桜まつり」が開催される。

1923 - 2023
Hitome Senbonzakura
一目千本桜植樹100周年

大河原町
観光PRキャラクター
さくらっきー

秋 10月下旬
おおがわらオータムフェスティバル

町の農・商・工が一体となって開く秋の恒例イベント。「こども大ビンゴゲーム大会」「お楽しみ大抽選会」など催しが盛りだくさん。人気の「もちまき大会」は、餅に当たりがあり、米1㌔をはじめ各種地場産品が景品とあって毎年大いに盛り上がる。

たくさんの来場者でにぎわう

会場／白石川公園（予定）
問／大河原町観光物産協会
tel.0224-53-2141

PICK UP
観光ルーム（大河原町観光物産協会）

2018年「大河原町にぎわい交流施設」内にオープン、大河原町観光物産協会の事務所内で観光案内や観光情報発信、商品開発を行い「さくらっきーグッズ」などの物産品を販売している。以前、町内の醸造会社で作っていた梅シロップを復活させ、

地元の高校生が制作に携わった「梅みやび」、町内産のゆずを使った「がわらゆずぽん酢」などがお薦め。オンラインショップも開設している。

住／大河原町字町196　大河原町にぎわい交流施設内
営／9:00～17:00　休／月曜（月曜が祝日の場合は翌日）、年末年始
tel.0224-53-2141

村田町

古来、仙台と山形を結ぶ交通の要衝として、商都のにぎわいを見せた。中心部に残る豪勢な店蔵が、紅花取引で栄えた村田商人の活躍を今に伝える。特産品はソラマメ。アイスクリームや刺し身こんにゃく、米粉麺など加工品も豊富。

村田町まちづくり振興課
tel.0224-83-2113

村田町
観光PRキャラクター
くらりん

そら豆まつり

夏 6月9～11日

会場・問／道の駅村田
tel.0224-83-5505

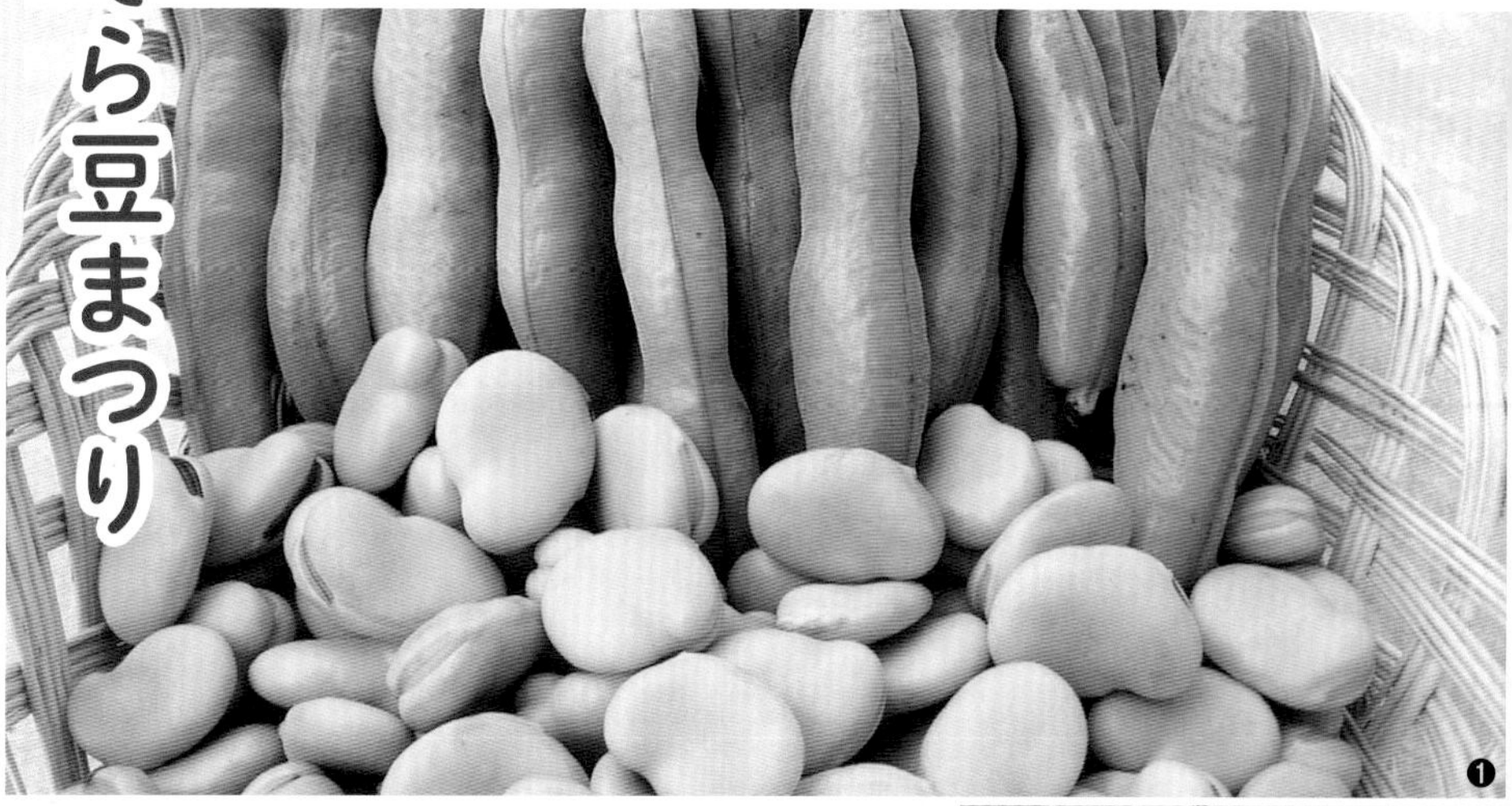

❶緑のさやが鮮やかな初夏の味覚ソラマメ
❷ソラマメの炭火焼きは毎年大人気

村田町の初夏の風物詩。全国有数の生産量を誇るソラマメの即売会が行われるほか、熱々の炭火焼きが無料で振る舞われる。さやごと焼いたソラマメのおいしさは格別だ。

毎年長い列ができるほど人気なのが、袋詰め放題（1袋500円）。専用のビニール袋に工夫して詰めればより多くのソラマメを手に入れられるとあって、家族連れなどが参加し大いに盛り上がる。

このほか、ソラマメの調理や保存の仕方などを紹介するコーナーも設けられるので、家庭で参考にしてみては。

蔵の町むらた布袋《ほてい》まつり

秋 10月上旬（予定）

蔵の町並みが歩行者天国になり、布袋本山車を中心に本町山車、村田一中創作山車の計3台の華やかな山車行列が繰り広げられる。

布袋本山車に載る背丈約2メートルの巨大な布袋人形が、笛や太鼓のはやしに合わせて舞う姿は見ものだ。

華やかな山車行列

会場／蔵の町並みなど町中心部
問／布袋まつり保存会
（村田町まちづくり振興課）
tel.0224-83-2113

みやぎ村田町蔵の陶器市

秋 10月中旬（予定）

蔵の陶器市でにぎわう町内

県内外の陶芸家が、町中心部の歴史ある店蔵などで自作の陶器類を展示・販売する。陶芸体験や陶器のオークションなどもあり、多くの陶芸ファンでにぎわう。夕暮れ時には常夜灯に明かりがともされ、幻想的な雰囲気に包まれる。

会場／蔵の町並み
問／NPO法人むらた蔵わらし
tel.080-6025-6691

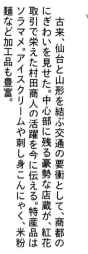

柴田町

「日本さくら名所100選」の船岡城址公園と白石川堤をはじめ、陸上自衛隊船岡駐屯地、柴田町「太陽の村」といった桜の名所が点在する「花のまち」。特産品は雨乞(あまご)地区のユズで、皮が厚く、色、味、香りがいいのが特徴。

柴田町商工観光課
tel.0224-55-2123

「花のまち柴田」
イメージキャラクター
はなみちゃん

春 4月6〜19日 しばた桜まつり

会場／船岡城址公園、白石川堤 他
問／柴田町商工観光課 tel.0224-55-2123

全国から27万人余りの花見客が訪れる柴田町最大の春のイベント。期間中は各種出店やマルシェの他、夜桜ライトアップも行い、一日を通して花見を楽しめる。また、船岡城址公園名物の片道305メートルのスロープカーで桜のトンネルを抜けると、船岡平和観音像の立つ山頂から桜と白石川、冠雪する蔵王連峰が一度に見渡せる。

❶桜のトンネルを抜けるスロープカー
❷しばた千桜橋と夜桜ライトアップ

秋 9月中旬〜10月上旬 しばた曼珠沙華《まんじゅしゃげ》まつり

彼岸の時季になると45万本を超える曼珠沙華（彼岸花）が船岡城址公園を真紅に染め上げる。園内には「赤富士」をかたどった群生スポットなどがある。中でも白い花を咲かせる曼珠沙華は東北では珍しく、一見の価値がある。

一面に咲く曼珠沙華

会場／船岡城址公園
問／柴田町商工観光課 tel.0224-55-2123

冬 12月上旬〜下旬 しばたファンタジーイルミネーション

「花のまち柴田」の1年を締めくくる光のイベント。船岡城址公園とJR船岡駅前を約20万個の電飾が彩る。船岡城址公園ではライトアップされたスロープカーが運行し、「音と光の演出」を体験できる。

会場／船岡城址公園
問／柴田町商工観光課
tel.0224-55-2123

幻想的な「光のトンネル」

川崎町

仙台市と山形市の中間に位置する自然豊かな町。みちのく杜の湖畔公園に青根温泉、峩々温泉、笹谷温泉をはじめ、町内に3カ所あるキャンプ場や廃校を活用した施設も人気。セントメリースキー場やキャニオニング、ゴルフ場など自然を満喫できるアクティビティも充実。

川崎町観光協会
tel.0224-84-6681

川崎町観光PRキャラクター
チョコえもん

みやぎ川崎産 寒ざらしそば

春 3月上旬～4月下旬

問／【主催】みやぎ川崎そば麺棒会
川崎町観光協会 tel.0224-84-668

川崎べこ太郎

そば実ちゃん

サンファン

水源の町・川崎の清流で仕込んだ「寒ざらしそば」を、町内の5店で提供。寒ざらしそばは極寒の清流にソバの実を浸し、寒風で乾燥させて作る。町では清流に浸す約2週間、揺すり作業をしてあくを抜く。これを製粉して打ったそばは喉越しが良く、甘みがあるのが特長だ。

冷水に浸し甘味を引き出す

青根温泉雪あかり

冬 2月中旬

冬になると一面雪に覆われる青根温泉で開催。青根児童公園やその周辺で、雪灯籠にともされたろうそくの柔らかな明かりが、静まり返った銀世界を幻想的に彩る。

会場／青根児童公園 他
問／じゃっぽの湯 tel.0224-87-2188
　　青根洋館 tel.0224-85-3122

支倉常長まつり

夏 6月上旬

会場／川崎町役場前特設会場
問／川崎町地域振興課 tel.0224-84-2117

伊達政宗の命を受け、慶長遣欧使節としてヨーロッパを巡った支倉常長の功績をたたえ後世に伝える。慶長遣欧使節を再現した一行による「常長パレード」が商店街を練り歩く。武将隊の演武や郷土芸能が披露される他、紙甲冑（かっちゅう）の試着も楽しめる。

使節を再現した「常長パレード」

川崎レイクサイドマラソン

秋 9～10月

問／川崎町生涯学習課 tel.0224-84-2311

県内外からランナーが集う

子どもから大人まで参加できる複数の種目が用意され、各所にビューポイントのある魅力あふれるコース設定が好評。例えば釜房湖のほとりを走る「ハーフマラソン」や、2人1組でたすきをつないでハーフコース完走を目指す「2人駅伝」では、折り返しから蔵王連峰の絶景が楽しめる。

丸森町

県最南端に位置し、東北第二の運河・阿武隈川流域による豊かな自然を有する「水とみどりの輝くまち」。町内各所の農産物直売所では多彩な特産品を販売。蔵の郷土館「齋理屋敷」には、登録有形文化財に登録されている建造物などがある。

丸森町商工観光課
tel.0224-72-3017

丸森町PR大使
しょこ丸

齋理幻夜

夏 8月5日

会場／蔵の郷土館「齋理屋敷」とその周辺
問／丸森町商工観光課 tel.0224-72-3017

❶にぎやかなオープニングセレモニー
❷昔ながらの紙芝居
❸絵とうろうの柔らかなともしび

蔵の郷土館「齋理屋敷」とその周辺に約1000基の絵とうろうをともす。レトロ感漂う齋理屋敷の雰囲気そのままに、一夜限りの特別な夜の幕が上がり、幻想的な空間を楽しめる。

当日は屋敷前の中央通りが歩行者天国になり夜店が並ぶ。太鼓やパフォーマンス、毎年恒例の「怪しい紙芝居屋さん」も登場。昔話や似顔絵のほか、メインステージでの催しもある。

第50回記念 全国丸森いち

春 5月13・14日

春の苗木などが並ぶ

丸森町の春の恒例イベント。今回は「第50回記念 全国丸森いち」と題し、盛大に開催する。丸森町をはじめとした仙南地域の特産品販売や芸能ショー、マグロの解体ショーなど企画が盛りだくさんで楽しめる。

会場／丸森町役場周辺
問／丸森いち実行委員会（丸森町商工会）tel.0224-72-1230

阿武隈ライン舟下り

春 夏 秋 冬 通年

町内を流れる阿武隈川を屋形船で下る阿武隈ライン舟下りは、自然に寄り添い生きてきた人々の営みを感じさせる。1時間20分ほどかけて巡る約11㌔のコースでは名勝・奇岩が点在。春は新緑、秋は紅葉など四季折々の雄大な景色を満喫でき、「いも煮舟」や「こたつ舟」なども楽しめる。

紅葉を楽しめる屋形船

発着場／丸森町観光交流センター
問／阿武隈ライン舟下り
tel.0224-72-2350

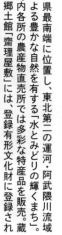

河北 Books

あなたのまちの取り組みは？

読んで、学んで、備えよう！

好評発売中！

2023 みやぎ防災ガイド 創刊10周年

全35市町村の防災・減災施策

▶ 3.11の記憶と教訓を伝える
宮城の防災・減災学習施設

▶ 教えて！ おりはらアドバイザー＆
防災まさむねくん
いざという時の備えQ&A

定価770円

東日本大震災から11年。この間、豪雨や台風、大きな地震に見舞われ、私たちは常に災害と向き合ってきました。新型コロナの先行きも見えない中、私たちの備えはどうあるべきか。災害から身を守るすべはあるのか。自治体の取り組みや家庭でも実践できる事例を紹介した一冊が完成しました。A4判 120ページ

2023年10月末に「2024」を発行する予定です

全35市町村の子ども・子育て支援情報誌

ママ パパ じいじ ばあば

宮城で安心子育て

巻頭特集

子どもをかわいく撮ろう

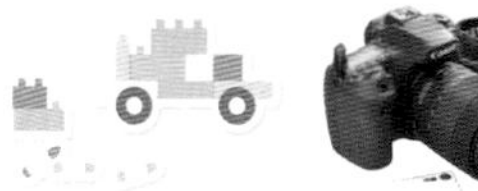

- プロがアドバイス スマホカメラで上手に撮るこつ
- レンズを向けたくなる 宮城の遊び場

育児便利ガイド

県内自治体の行政サービス&施設

育《いく》なびみやぎ 2023

好評発売中！
定価550円

子育てに奮闘中の方、出産を控えている方を応援する一冊。宮城県と県内35市町村ごとに、子育ての行政サービスをコンパクトに集約しています。巻頭特集「子どもをかわいく撮ろう」ではスマートフォンやデジタルカメラで、子どもの成長記録をすてきに残すこつをカメラマンに教えてもらいました。楽しく遊べて、写真を撮りたくなる県内の遊び場にも注目です。A4判 108ページ

2023年12月末に「2024」を発行する予定です

お求めは、書店、河北新報販売店、
または河北新報出版センターまで。

河北新報配達地域にお住まいの方が、河北新報販売店または出版センターに弊社の本をお申し込みの場合、ご自宅や職場に配達致します。配送料無料（ただし、一部に配達できない地域もあります）。

発行 **河北新報出版センター** 〒980-0022 仙台市青葉区五橋1-2-28 https://www.kahoku-books.co.jp/
TEL022-214-3811（9:30～17:30 土日祝除く） FAX022-227-7666

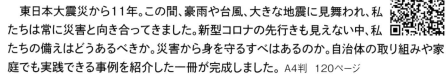

Let'sみやぎ 2023-2024

2023年3月31日発行　定価550円（本体500円+税10%）

宮城県、各市町村、各市町村観光協会、
関係各団体など多くの皆さまにご協力いただきました。
深く感謝申し上げます。

■発　　行　河北新報出版センター
宮城県仙台市青葉区五橋1-2-28
tel.022-214-3811
fax.022-227-7666
■企画構成　株式会社GAC
株式会社アドコーポレーション
tel.022-266-3031
fax.022-266-2806
■編集制作　株式会社クリエイティヴエーシー
tel.022-721-6051

■SALES&PROMOTION
加藤健一　大平康弘　鈴木美由喜　東海林峻
菊地貴史　高橋正考　中嶋芽衣
和泉英夫　高橋哲　高谷吉泰
浅野広美　渥美琳　梅津美樹
梶田美佐子　木村一豊　小島由子
佐藤春哉　菅原佳子　吉成麻実
■EDITOR
平井頼義　宇都宮梨絵　菊地史恵　佐々木映子
熱海萌子　田中奈美江　及川真紀子
■DESIGNER
阿部伸洋　佐藤友希　菅澤まりこ
仙石結　蛭田和佳奈　森田真礼　渡辺洋

※本誌に掲載されている事項は2023年3月現在のものです。
新型コロナウイルス感染症対策により、内容、日程、料金等は
変更になる場合があります
※祭り・イベントの内容、日程、会場等ご不明な点は
本誌掲載の各問い合わせ先へ、直接お尋ねください
※乱丁、落丁等の印刷、製本上の不備がございましたら
お取り換え致しますので発行所までお送りください

※写真協力／宮城県観光課、仙台観光国際協会